ウルトラマンの伝言

日本人の守るべき神話

倉山 満

Kurayama Mitsuru

PHP新書

はじめに――過酷な現実にこそ神話を

本書は三部作の完結編である。

一昨年、私は『ウェストファリア体制　天才グロティウスに学ぶ「人殺し」と平和の法』（PHP新書）で、国際法とは何かについて説いた。

世界の辺境の地のヨーロッパにおいて、宗教をめぐり千年を超える殺し合いが続いていた。自分と異なる考えを抱いているかもしれない人間は、殺さなければならない。どちらかが相手を皆殺しにしなければ終わらない宗教戦争の時代に、一人の天才が生まれた。フーゴー・グロティウスである。

グロティウスは、人間社会において殺し合いは終わらない現実を見据えた。そうした冷厳な現実を受け容れたうえで、「よりマシな社会」の構築を目指した。その為に、「殺し合いにも守らねばならない掟《おきて》がある」と、神の言葉で説いた。これが国際法の原型である。掟が守られる状態を「国際社会」と規定し、掟を守る主体として「主権国家」の必要性を訴えた。グロティウスは紛れも無く、無から有を生み出した天才だった。国際社会が存在しないのに国際法を思い付き、主権国家が存在しないのに国際社会がどんなものかを描いたのだから。

グロティウスの理想は、大きな反発を招きながらも、少しずつ実現した。それがウェストファリア体制である。少なくとも、「人を殺してはならない」とする価値観が、二十世紀初頭には人類の多数派となった。日本人には当たり前と思われるかもしれないが、多くの人たちにとっては、ここに至るまで多くの苦闘を繰り返して、ようやくたどり着いた境地なのだ。

ところが、一人の狂人が数百年にわたる人類の試みを、破壊した。ウッドロー・ウィルソンである。この人物は、不幸にも第一次世界大戦の際に、アメリカ大統領であった。

昨年、私は『ウッドロー・ウィルソン　全世界を不幸にした大悪魔』（ＰＨＰ新書）で、この人物の生涯と負の遺産を描いた。ウィルソンは、自らを「地上のキリスト」だと看做《みな》した。だから、己は絶対の正義である。歯向かう者と妥協できない。ウィルソンは完全な正義を実現しようとした。「よりマシな社会」を目指すこと自体が悪なのだ。現実社会で、しかも権力者がそのようなふるまいを行うと、どうなるか。悲劇が到来する。

国際法の重要な概念は、敵と犯罪者の区別である。犯罪者は許しがたい悪だが、敵は単に立場が異なるだけだ。状況が変われば味方になるかもしれない。しかし、犯罪者と妥協はできない。

お互いが正義を主張すると、宗教戦争の再燃である。第一次世界大戦以降の世界は、ウェストファリア体制の叡智が崩壊して、さながら宗教戦争の時代に逆戻りしたような様相である。

九・一一テロに始まるアフガン戦争とイラク戦争は、憎悪と殺戮だけを拡大した。二十年に及ぶアフガン戦争の顚末は全世界が知っている。アメリカは九・一一テロの復讐でありったけのミサイルをアフガニスタンに落とし、タリバン政権を転覆させた。そこまではともかく、「テロとの戦争」などと言い出し、抜け出せなくなった。語義矛盾である。戦争は国と国が行うのであって、「テロ」は国ではない。それとも世界中から、テロを行うテロリストを根絶しようとしたとでも言うのか。

現実の人間社会において、正義は人の眼を曇らせる。人間社会は矛盾と摩擦によってなりたっているのだから、どこかで妥協しなければならない。そんな簡単なこともわからなくなったから、「正しいことは実行しなければならない」などと幼稚な思考回路に陥るのだ。イラク戦争の顚末は、なお悲惨だ。中東に新秩序をもたらすために始めたはずだが、「アラブの春」によって周辺諸国の政府が次々と転覆、無秩序状態に苦しんでいる。

今やグロティウスの理想は、跡形も無いように見える。「人類は、どこまで愚かに落ちぶれていくのだろうか」とすら慨嘆したくなる。

二十一世紀。知の劣化は甚だしい。その成れの果てが、世界的なコロナ禍だ。米英仏独は二十世紀を通じて大国として世界を指導してきたが、現在の右往左往は目も当てられない。欧米のエリートも日本人のように劣化していたのかと、唖然とする。

ところで私は、『ウェストファリア体制』において「十字軍など、自分をウルトラマンだと思い込んでいるバルタン星人」だと書いた。ウィルソンも自身を「ウルトラマン」すなわち「神」だと思い込んでいた。

現実社会には神はいないし、絶対の正義も無い。もし神の正義を実現しようとしたら、悲惨な宗教戦争が巻き起こるだけだ。

そこで、思い至った。

今こそ、三部作の完結編として「ウルトラマン」を書かねばならないのではないかと。

言うまでもなく、ウルトラマンは日本を代表するヒーローである。この「ヒーロー」をどう訳すか。「英雄」「人気者」「神のように頼れる存在」……等々。

一九六七年五月十四日日曜日、昭和天皇の御代、四十二年目である。齢七歳。翌日の新聞記事

には「浩宮さま、初めてデパートへ」との見出しがある。[注1]

学習院初等科二年生の浩宮殿下が、日本橋髙島屋で「怪獣図鑑」を手に取る姿がテレビで生中継された。全国の母親の中には前年からの怪獣ブームに抵抗を感じる者もまだ残っていたが、このニュースで障害は最終的に取り除かれた。[注2] 今上陛下の幼き頃の文化的功績と言えば、大仰だろうか。ちなみに、特撮テレビ『ウルトラQ』と続く『ウルトラマン』は一九六六年が放映開始だ。当時、陛下は小学一年生。いわゆる「ウルトラマン世代」である。

ロボットや怪獣図鑑お買い物

浩宮さま、初めてデパートへ

怪獣図鑑に見入る浩宮さま（日本橋高島屋で）

十四日の日曜日、浩宮さまが、デパートではじめてショッピングをされた。宮さまはいま学習院初等科の二年生。社会科の勉強を兼ねてこの朝十時すぎ東京・日本橋の高島屋へおいでになったもの。

ションの模型をみつけると「ワア、サンダーバードだッ」。すぐロボットの売り場をみつけてそそくさと近寄った。このときケースの上をノソノソ歩いていた電池式ロボットの胸が開いて、中から機

ロボットは千六十円ナリ。宮さまの小銭入れには百円しかはいっていなかったので、浩宮東宮侍従から千円札と百円玉をもらってお買いになり、おつり四十円はビニール製の小銭入れにチャリン。

1967年5月15日の新聞記事

現実世界にウルトラマンはいない。だから、ウルトラマンを知らねばならない。そして、日本人としてウルトラマンを語ることに意義があるのではないか。

日本は、巨大な力に苦しめられ続けてきた。闇に怯え、打ちひしがれ、夢や希望を無

くしている時代だからこそ、民族の神話が必要なのではないか。
本書は、過酷な現実を生きていくために、架空の物語からの伝言を読み解く書である。

【注1】『朝日新聞』一九六七年五月十五日付。
【注2】竹内博編『証言構成〈OH〉の肖像 大伴昌司とその時代』（飛鳥新社、一九八八年）一五二〜一五六頁。

ウルトラマンの伝言

目次

第二章 ウルトラセブン――軍神の記憶――

第三章 帰ってきたウルトラマン――なぜ日本は敗戦国のままなのか――

第四章　ウルトラマンエース——史上最も成功した「失敗作」——

第五章　ウルトラマンタロウ――本格派だが異色作――

第六章　ウルトラマンレオ――たった一人でもお前を欲している間は死ねない――

第八章　ウルトラマンメビウス——歴史の完結と新たな神話の創造——

序章

円谷英二と『ゴジラ』と『ウルトラQ』

——神話の創造——

円谷英二――神話の創造主

ウルトラマンを現代の「神話」とするならば、〝創造主〟は円谷英二《つぶらやえいじ》である。事実、英二は生前から「特撮の神さま」と崇《あが》められた[注1]。

円谷英二は一九〇一年七月七日、福島県岩瀬郡須賀川町《すかがわ》（現須賀川市）に生まれた。本名は英一。昭和天皇と同い年である。

若いころの英二は、飛行機乗りになりたかった。しかし、念願の日本飛行学校に入るも、飛行機の墜落事故で教官が亡くなり、学校が機能しなくなる。英二は飛行学校を辞め、神田の電機学校（現・東京電機大学）に入学する。理系人間、かつ手先が器用な英二は、天然色活動写真株式会社に就職し、映画界に入った。この時、一八歳。英二は学業の傍ら、映画技術を現場で身につけていった。給料は安くても労働時間だけは長い映画の世界で、英二は給料の半分を撮影技術と研究に注ぎ込み、協力者に対して只酒を振舞い、好きなことだけに没頭する日々であった。学校を卒業し、兵役を機に一旦は故郷に帰った英二だが、好きな映画が作りたくて家出同然に再上京。時代劇映画などに携わる。

そして、一九三三年。その後の人生を決定づける出会いがあった。アメリカの特殊効果撮影映画『キング・コング』である。当時の特撮映画世界の頂点『キング・コング』に衝撃を受けた英二は、そのフィルムを取り寄せ、一コマ一コマ分析し、研究したという。

英二が日本一の特殊撮影技師として脚光を浴びたのが一九四二年、四一歳のときだった。特殊撮影のカメラマンとして関わった、真珠湾攻撃一周年記念の国策映画『ハワイ・マレー沖海戦』である。国策映画であるにもかかわらず、海軍は制作に非協力的であった。そんな海軍が提供した、たった一枚の写真から真珠湾攻撃を再現してみせたとの伝説が生まれた。当時、記録映画かと誤解されたほどだった。

戦時中のそうした戦意高揚のための映画で大評判を得た英二は、戦後には公職追放の憂き目に遭《あ》う。英二その人は、別に政治的ポリシーはなく、いわゆるノンポリであった。典型的な職人と言おうか。飛行機とかぐや姫をこよなく愛した。映画が好きで作りたいだけで、戦後は『日本戦歿学生の手記　きけ、わだつみの声』『ひめゆりの塔』などの映画とともに、『君の名は』『宮本武蔵』などでも特殊撮影を担当している。

公職追放され、東宝撮影所を依願退職した英二は、仕事がなくなっても、なんとか食いつなぐ。そんな状況下で自宅の庭にプレハブを建て、「特殊映画技術研究所」（円谷研究所）を作った。

一九五〇年、英二は東宝に復帰し、東宝撮影所内に円谷研究所を設けた。英二の公職追放がようやく解けたのは、一九五二年、五一歳のときであった。
『キング・コング』のような映画を日本でも作りたいという英二の願いと、特撮映像を活かした新しい作品を模索する東宝の思惑のもとに、生み出されたのが『ゴジラ』である。

検討用台本の表紙には「G作品」とだけ、「㊙」の文字とともに記されていた。産業スパイが多く、企画書には本当のタイトルを書かないのと、〝巨大生物〟が登場する作品だったことから、ジャイアントの頭文字「G」が使われた。プロデューサーの話にヒントを得て、巨大怪物は「ゴジラ」と命名された。ゴリラとクジラを合わせて「ゴジラ」。キング・コングのような巨大怪物を想定したネーミングだった[注2]。

一九五四年十一月、特殊技術を駆使した『ゴジラ』が公開され、大ヒットを記録した。後継作品と区別する為、公開された年にちなんで「五四年ゴジラ」と呼ばれる。東宝は、前年一九五三年九月公開の『君の名は』に続き、一九五四年四月には『七人の侍』、そして十一月に『ゴジラ』と、三本の歴史に残るメガヒット作に恵まれたときだった。そのころ、街頭テレビが流行《はや》りだしてはいたが、まだまだ映画が娯楽の王様であり、小銭を握りしめて一日三本の映画を観るのが、レジャーの時代であった。
『ゴジラ』の監督は、本《ほん》多《だ》猪《い》四郎《しろう》。円谷英二の名前は、「特殊技術」のスタッフとして、他の三名とともにクレジットされているだけである。

ところで、「円谷」の名字は珍しく、なかなか「つぶらや」とは読んでもらえなかったらしい。しかし、『ゴジラ』以降は、子供たちは皆が正確に読めたといわれるぐらい、英二の名は知られるようになった。一九六四年の東京オリンピックでマラソン選手の円谷幸吉選手が銅メダルの大活躍だった時、「つぶらや」と読めない子供はいなかったとか。

『ゴジラ』は特攻隊賛美映画?

ゴジラの映画は、一九五四年の『ゴジラ』から、二〇一六年の『シン・ゴジラ』まで、半世紀以上にわたって日本国内で制作されたのは、二九作品を数える。ただ、作風に変遷がある。

ゴジラは、最初の四作と第五作以降では話が変わってくる。大きく異なるのはゴジラの性格である。第一作から第四作までのゴジラは悪役であるが、第五作でゴジラは改心し、以降は正義の味方として登場する。一九六四年公開の第五作『三大怪獣　地球最大の決戦』で、ゴジラとラドンがケンカしているところに、モスラが割って入る。モスラの「共通の敵キングギドラがいるのだから一緒に戦おうよ」といった説得に、ゴジラが改心する。それ以降の作品は、「ゴジラ以下、地球怪獣たちが、キングギドラをやっつけて終わり」というパターンが確立され、それが一九七五年の第一五作『メカゴジラの逆襲』まで続く。

この時期のゴジラは、「身長五〇メートル、体重二万トン」と設定されている。一九六三年まで、日本の建物には全国一律で三一メートルの絶対高さ制限があった。戦後初めて、高さ六〇メートルを超えたビルは一九六四年竣工のホテルニューオータニであり、ゴジラは当時の大抵の建物よりも、背が高かった。

第五作『地球最大の決戦』以降のゴジラは擬人化や子供受けを狙った行動が甚だしく、特に一九六五年公開の第六作『怪獣大戦争』で、ゴジラは当時流行っていた〝シェー〟をしてみせた。〝シェー〟とは赤塚不二夫のマンガ『おそ松くん』の登場人物イヤミがするギャグのポーズである。この、ゴジラの〝シェー〟で、多くの人が映画館を去ったとも言われている。それでも怪獣ブームが去る一九七五年まで毎年、映画化されていた。

約十年の空白を経た第一六作は一九八四年の公開で、単発。怪獣はゴジラしか出てこず、「ゴジラ対人間の戦い」に原点回帰した。制作年代から「八四年ゴジラ」と称される。この時、身長が八〇メートル、体重が五万トンになった。東京のビル街に行けば、ゴジラより高い建物ばかり、時代の方が変貌した。

一九八九（平成元）年の第一七作『ゴジラVS.ビオランテ』以降は、「平成ゴジラ」と言われる。

この時期の作風は、「五四年ゴジラ」の「人間に対する圧倒的脅威」が意識されている。二〇一六年の『シン・ゴジラ』はアニメ『新世紀エヴァンゲリオン』で有名な庵野秀明監督の手による。庵野監督自身は特撮に造詣が深く、『シン・ゴジラ』はウルトラマンの伝統をも盛り込んだ作りとなっている。[注3]

英二の「五四年ゴジラ」はその後のすべての作品に影響を与えた。日本特撮映画においては別格、ひいては文化史上においての金字塔である。ただ配給当時は、一流推理作家の高木彬光や都筑道夫は賞賛してくれたものの、批評家からは〝特攻隊賛美〟と酷評されていた事実は、今や知られていない。当時は有名だった映画批評家の一人、双葉十三郎《ふたばじゅうざぶろう》は「特殊技術は、日本映画には珍しくよくやった、と賞《ほ》めたくなる」と持ち上げる一方で、映画それ自体については題材、話の展開やテンポ、作り方、演出などすべてにわたってこき下ろしている。[注4] 新聞その他の論評でも、特撮に甘く本編には辛《から》かった。[注5]

大人に不評だった原因は、『ゴジラ』が特攻隊賛美だと言われるように、戦争の記憶を思い出させる作品だったからである。娯楽映画にまで、なぜそんな気分の悪い、戦争の事を思い出させられなければならないのかとのイラつきが炸裂したのだ。

ちょうど、太平洋マーシャル諸島にあるビキニ環礁でアメリカによる水爆実験が四度行われ、一九五四年三月一日の実験で、日本の漁船・第五福竜丸《ふくりゅうまる》をはじめ一〇〇〇隻以上の船が被爆した。ゴジラはこの水爆実験の後から物語が始まる。ゴジラは幾度の水爆実験で棲家を追われ、口からは放射能を帯びた炎を吐くジュラ紀の古代生物である。そのゴジラは東京湾から上陸し、東京を荒らしまわる。米軍に空襲されて十年も経っていないのだ。いやがおうでも、戦争の記憶を思い出させられる。[注6]

そしてゴジラを倒すシーンは、特攻隊そのものである。

芹沢博士と科学者の倫理

ゴジラの主人公は、サルベージ会社に勤める尾形秀人（演・宝田明《たからだあきら》）と、山根恵美子（演・河内桃子《こうちももこ》）の二人である。恵美子は、古生物学者山根恭平博士（演・志村喬《しむらたかし》）の娘である。尾形と恵美子は結婚を考えてはいるが、山根博士にはまだ言えずにいる。

そして、もう一人の重要人物が、平田昭彦《ひらたあきひこ》演じる薬物化学者の芹沢《せりざわ》大助である。芹沢はかつて山根博士の愛弟子であり、世間からは恵美子と結婚して、博士の養子になる人物と見られていた。芹沢は恵美子に好意を寄せてはいるが、恵美子からは兄のように慕われるだけで、恋愛対象にはされていない。また、尾形とは中学からの旧友である。山根は戦争中に右目を失い、以来、世間から離れ、世捨て人として研究を続けている。
ゴジラが暴れ回っているある日、芹沢は恵美子にだけ自分の研究であるオキシジェン・デストロイヤー（ＯＤ）を見せる。その凄まじい破壊力を目の当たりにして、恵美子はショックを受けるが、父の山根博士にも秘密にすると芹沢に約束する。ＯＤとは、芹沢本人の説明によれば「水中の酸素を一瞬にして破壊しつくし、あらゆる生物を窒息死させ、そのあとで液化してしまうオキシジェン・デストロイヤー。つまり、液体中の酸素破壊剤」である。恵美子が見たのは、水槽で泳いでいる魚が、発生した泡に触れ、一瞬にして骨と化す光景だった。
そのさなかも、防衛隊はゴジラになすすべがない。ゴジラは品川に上陸し、暴れ回りながら都心に向かう様子をアナウンサーがテレビ塔から実況中継する。アナウンサーが最後に「ゴジラはただいま、この放送を送っておりますテレビ塔に向かって進んで参りました。もう、退避する暇《いとま》もありません。我々の命もどうなるか。ますます近づいて参りました。いよいよ最後です。右手を塔にかけました。ものすごい力です。いよいよ最後。さようなら皆さん、さようなら」と、絶叫し、中継スタッフたちが真っ逆さまに落下していく。戦争の記憶そのものであった。[注7]
ゴジラ上陸の惨状に、たまりかねた恵美子が芹沢との約束を破って、尾形にＯＤの存在を打ち明ける。芹沢は恋敵の男から、ゴジラを倒すためにＯＤの使用を頼まれる。

しかし、科学者の良心から、芹沢は頑として使用を拒んだ。

そこに、ゴジラの犠牲になった人たちを悼む、女学生の歌がテレビから流れてきた。芹沢は、乙女の祈りを耳にし、悩みに悩んだ末にODの使用を決心する。

芹沢は、「これだけは絶対に悪魔の手に渡してはならない設計図なんだ」と、研究資料の全てを焼き捨てる。そして潜水服に身を包み、尾形の案内で、海底で眠るゴジラにオキシジェン・デストロイヤーを仕掛けにいく。ODは水中の酸素を破壊し、ゴジラは絶命した。

ゴジラの死を見届けると、芹沢は自らの手で自分の酸素ボンベと命綱を切断する。[注8]

芹沢が己の信じる正義を貫き死んでいったところが、〝特攻隊賛美〟との評につながったのは明らかだ。

『ウルトラQ』――テレビで映画を流す！

映画『ゴジラ』と続編は大ヒット、円谷英二の特殊技術は手放しで賛美された。英二に「特技監督」の名称が与えられたのは、一九五五年公開の第二作『ゴジラの逆襲』においてであった。

英二は特技監督としてゴジラの映画以外にも多くの特撮映画を撮っている。たとえば、一九五九年に、東宝の制作一〇〇〇本記念として『日本誕生』が作られた。『古事記』『日本書紀』に書かれる日本武《やまとたける》尊《のみこと》を主人公とする物語で、三船敏郎《みふねとしろう》が日本武尊を演じた。他にも『白夫人の妖恋』『空の大怪獣 ラドン』『地球防衛軍』『美女と液体人間』『宇宙大戦争』『ハワイ・ミッドウエイ大海空戦 太平洋の嵐』『ガス人間第1号』などなど。

英二は金に糸目をつけず、次々と最新の技術を取り入れては、使いこなしてしまう。全ての作品がヒットした。

一九六三年、英二は円谷研究所を株式会社として登記し、株式会社円谷特技プロダクション、今に至る「円谷プロ」が設立された。英二は六二歳で社長に就任する。このとき、円谷研究所時代から出入りしていたシナリオライターの金城哲夫《きんじようてつお》、のちのウルトラシリーズの特技監督になる高野宏一《たかのこういち》、佐川和夫《さがわかずお》などが入社する。

映画絶頂期において、英二は、これからは映画ではなくテレビの時代になると、二人の息子をテレビ局に就職させている。長男の一《はじめ》はTBS、次男の皐《のぼる》はフジテレビに勤めた。のちのウルトラシリーズで監督も務める円谷一は、まぎれもなく天才であった。才能があって、後輩の面倒見がよく、人望があった。TBSでテレビドラマ演出の名手とされた一の手により、英二が始めた特撮はテレビに輸入されていく。一は単なる監督（ディレクター）の枠を超え、プロデューサーとしても優秀であった。

円谷プロはテレビに参入しようと、フジテレビとTBSの両局に企画を出していた。しかし、フジテレビとの契約はうまくいかず、結局、TBSに決まる。

TBSで展開するのが『ウルトラQ』である。企画時は『アンバランス』のタイトルのもと、SFミステリー路線を目指していたが、怪獣と二本立てになっていく。

『ウルトラQ』制作以前、まだテレビ番組制作の目処もたっていないのに、英二が高額の機械をアメリカに発注してしまった。当時、世界にまだ二台しかない、時価総額四〇〇〇万円とも七〇〇〇万円とも言われる、オックスベリー社のオプチカル・プリンターである。円谷プロの全財産をはたいても買えない金額の代物であった。高度な合成、特殊撮影に欠かせないと英二は飛びついた。結局、オプチカル・プリンターはTBSが引き取る話になり、円谷プロはTBSと組んで、番組を制作することになった。

『ウルトラQ』は、テレビ番組としては異常なまでに贅沢な作りである。本編、特撮部分の全てが三五ミリフィルムで撮影された。当時、三五ミリのフィルムは映画用であり、テレビ番組はその半分以下の一六ミリ、家庭用は八ミリを使うのが通り相場であった。言うまでもなく、フィルムが大きくなるほど解像度が上がる。

映画として通じる映像を地上波で流した『ウルトラQ』は、〝特撮映画〟と言われた。一九六五年といえば、NHKでさえ大河ドラマなども残しておらず、総集編だけをとっておいて、フィルムは使い回していた。そんな時代に、『ウルトラQ』は映画並の予算を投じた作品だったので、何度も再放送されたからフィルムが残った。[注9]

なお、『ウルトラQ』のタイトルは、一九六三年の東京オリンピックですっかり有名になり、一種の流行語になった、体操競技の高難度の技「ウルトラC」と、クエスチョンの「Q」からのネーミングである。

『ウルトラQ』はTBSで、全二八話のうち第一話から第二七話までが、一九六六年一月二日から七月三日まで毎週日曜日、十九時から十九時半の枠で放送された。のちに〝タケダアワー〟と言われるようになる、武田薬品一社が提供する時間枠であった。最終回にあたる第二八話「あけてくれ!」の放送が本放送では見送られ、[注10]実際にオンエアーされたのは、再放送時の一九六七年十二月十四日である。

『ウルトラQ』の主人公は民間人の男女三人。星川航空のパイロット万城目淳《まんじょうめじゅん》、[注11]その助手の戸川一平、そして毎日新報社会部の江戸川由利子である。[注12]毎回、彼ら三人が行く先々で怪奇現象に出くわす。[注13]

『ウルトラQ』全二八話の制作期間は、実質二年以上である。テレビ番組にしては、かなり贅沢に時間をかけて作られた。放送開始前にはほとんどの作品がすでに完成していたのだが、番組の路線戦略に照らし合わせ、制作と放送順序がかなり入れ替わる。たとえば、制作第一話の「マンモスフラワー」は第四話として放送され、制作一二話の「ゴメスを倒せ！」が第一話として放送された。

「マンモスフラワー」は、皇居にいきなり得体のしれない植物の根が現れ、人に絡みついて血を吸いながら、どんどん広がり、ビルの屋上まで伸びて花を咲かせるSFミステリーである。それに対して、放送第一話に選ばれた「ゴメスを倒せ！」は、悪の怪獣ゴメス対正義の怪獣リトラの、「怪獣プロレス」の話である。ちなみに、ゴメスの着ぐるみはゴジラの流用である。[注14]当時は、ゴジラがいろいろな怪獣と戦うのが、いわば〝水戸黄門〟。すなわち、おきまりのパターンになっていたので、主要視聴者である子供たちの大人気を得た。

設定——ケムール人とラゴンがつなぐ世界観

『ウルトラQ』の第一九話「２０２０年の挑戦」に登場するケムール人と、第二〇話「海底原人ラゴン」のラゴンは、後番組の『ウルトラマン』に登場する。これにより、『ウルトラQ』と『ウルトラマン』は同じ世界観になっている。もともと両作品はまったくの別作品だったのだが、同一世界の設定となった。今に至るまで「ウルトラシリーズ」と呼ばれる。

とはいえ、「ウルトラシリーズ」の設定そのものは精密ではない。それは当然で、設定などを考え始めたのは『ウルトラマン』からなのだから。ただし、設定がないのは『ウルトラQ』に限った話ではない。たとえば、もう少し前の時代に一世を風靡した『月光仮面』（一九五八〜五九年放映）の設定など、覚えている人がどれだけいるだろうか。一九七九年に初放映のアニメ『機動戦士ガンダム』以降は、子供番組でも最初から詳細な設定を構築していくのが主流となっている。また、そうした設定の精密さが作品の完成度として評価される傾向もある。世界観が明確な作品が高く評価されるのは当然であろう。

むしろ設定の構築は、子供向けの雑誌が先行していた。雑誌では本編では共演しない、「ウルトラマンに出てきた怪獣とウルトラセブンが戦う」などは、子供たちにとって夢の設定となる。雑誌編集者が次々と「夢の設定」を企画するのは、当然だった。また、脇役・やられ役である怪獣たちが魅力的であり、『ウルトラQ』と続く『ウルトラマン』の登場怪獣は、すべてソフトビニール人形（ソフビ）が製造販売され、ほとんどすべてが大ヒット商品となった。もちろん正味二十三分の作中でも個々の怪獣の「履歴書」が最大限に語られるので、雑誌がさらに広げることができる。作品が優れているから、世界観を広げることができたのだ。だから、一九六六年の

『ウルトラQ』と『ウルトラマン』は、「子供番組にも詳細な設定が必要である」とされるようになった、黎明期の作品なのである。

その〝設定〟によってウルトラシリーズの世界観を広げたのが、エディターの大伴昌司《おおともしょうじ》である。[注15] 奇しくも『ウルトラQ』第二〇話に、脚本家として名を連ねているが、フリーの編集者であった。

雑誌先行の最も有名な例を挙げると、「ウルトラ兄弟」である。雑誌先行の設定であり、本編には存在しなかった。そもそも、『ウルトラQ』『ウルトラマン』そして『ウルトラセブン』は、まったく違う世界の話であった。雑誌の勝手な設定をファンが信じてしまい、本編がそれに影響を受けるのを円谷プロは嫌がり、妥協案としてできたのが、「ウルトラ兄弟は、血がつながらないが兄弟のように仲が良い」という設定である。

とにもかくにも、怪獣とＳＦの二本立ての贅沢なつくりの『ウルトラQ』は、視聴率絶好調であった。圧倒的な質の『ウルトラQ』は、何をやってもウケた。視聴率にそれが表れている。

全二八話の平均視聴率は三二％。最高視聴率はガラモンが登場する、第一三話の三九・一％、最低視聴率は第二八話「あけてくれ！」の一九・九％であった。ただし、第二八話のこの数字は再放送時のものである。ちなみに、本放送での最低視聴率は第一話「ゴメスを倒せ！」の二六・

五％であった。現代のテレビ界では、ＮＨＫの大河ドラマが視聴率二〇％を取ったなら〝超絶好調〟扱いされるのと比べると隔世の感がある。

復興の時代、戦争の記憶

『ウルトラＱ』は、第一話の怪獣プロレスで娯楽編としての路線を打ち出しながらも、第二話ではまったく趣を異にする。

第二話「五郎とゴロー」は、サル好きでサルの世話をしている〝エテキチ〟と渾名《あだな》される五郎青年と、サルのゴローの物語である。五郎青年は唖者で、精神障害がある。ゴローが、旧日本軍の兵士の体力増強のために作られた青葉クルミを食べて巨大化する。おなかをすかせたゴローのために、五郎青年はエサになるものを近隣から盗んで捕まる。巨大なサル怪獣と化したゴローは、五郎青年を取り返そうと暴れる。ゴローを遠くの島へ移送するために、睡眠薬入りの牛乳を与える役を、何も知らせないまま五郎青年に託す。五郎青年が手渡した牛乳を飲んでゴローは眠ってしまい、そこで番組は終わる。

ハッピーエンドか否か、よくわからない。この話だけでなく、『ウルトラＱ』は解決しない話ばかりである。しかも、意図的に解決しない話になっている。

高度経済成長期、日本人が健全な娯楽を求め、作り手はそれに忠実に答えた。そして、作品にメッセージを込めた。

『ウルトラQ』は三十分のテレビ番組でありながら、精巧な特撮と映画のような作りこみ方で、世界観を提示した作品となった。

こうして「神話」が、はじまった。

【注1】代表的な円谷英二の伝記として、竹内博・山本眞吾編『円谷英二の映像世界』（実業之日本社、二〇〇一年 完全・増補版）、円谷一編著『円谷英二 日本映画界に残した遺産』（小学館、二〇〇一年 復刻版）、竹内博編『写真集 特技監督円谷英二』（朝日ソノラマ、二〇〇一年 増補改訂版）、鈴木和幸『特撮の神様と呼ばれた男』（アートン、二〇〇一年）、『円谷英二特撮世界』（勁文社、二〇〇一年）、「素晴らしき円谷英二の世界」編集委員会編・二〇〇一円谷英二生誕一〇〇年記念プロジェクト監修『素晴らしき円谷英二の世界 君はウルトラマン、ゴジラにどこで会ったか』（中経出版、二〇〇一年）。すべて、英二の生誕百年に合わせ刊行あるいは復刊されている。なおW・i・k・i・p・e・d・i・aの「円谷英二」の項目は異様に詳しいので、概要は摑める。

【注2】前掲『円谷英二の映像世界』六九頁。

【注3】大阪芸術大学の学生時代に自主制作の映画『帰ってきたウルトラマン マットアロー1号発進命令』を制作、素顔で出演している。他にも東映戦隊シリーズへのオマージュである『愛國戦隊大日本』も制作。当時のソ連迎合の言論界を風刺した、完成度が高い怪作である。

【注4】双葉十三郎「ゴジラ」『日本映画批判 一九三二―一九五六』（トパーズプレス、一九九二年所収）。

【注5】前掲『完全・増補版 円谷英二の映像世界』九二～九三頁。こうした当時の批評を特撮映画研究家の竹内博は「ドラマあってこそはじめて特撮もその真価を発揮できる」「双葉十三郎に到っては論外」と一刀両断する。

【注6】『別冊宝島 怪獣学・入門！』（ＪＩＣＣ出版局、一九九二年）を嚆矢《こうし》に、「ゴジラは、なぜ皇居を踏めないか」「ゴジラは南の島で死んだ英霊たちの怨念だ」「ゴジラの進路は米軍の東京大空襲のルートと同じではないか」などの論稿が次々と発表された。

【注7】一九四五年八月二十日、玉音放送から五日後のこの日、ソ連が旧樺太に侵攻した。真岡《まおか》郵便局の女性電話交換手たちが、「みなさん、これが最後です。さようなら、さようなら」と実況中継し、青酸カリで自決した事件を彷彿とさせる。敗戦時、同様の光景がどこででも繰り広げられた。

【注8】平成ゴジラの最終作との謳《うた》い文句の第二二作『ゴジラVSデストロイア』では、芹沢大助の写真が、河内桃子が演じる山根恵美子の自宅の本棚に飾られている。

【注9】『ウルトラQ』と続く『ウルトラマン』『ウルトラセブン』は、再放送の視聴率も高かった。『ウルトラマン』は再放送の最高視聴率一八％台を叩き出している。『テレビマガジン特別編集 ウルトラマン大全集Ⅱ』（講談社、一九八七年）一三二頁。テレビ局が再利用をするのが当然だろうが、こうした経営的要請が「文化保護」につながったと言える。

【注10】代わりに、放送予定日だった一九六六年七月十日には、次の番組『ウルトラマン』の特番「ウルトラマ

ン前夜祭　ウルトラマン誕生」が放送された。前日、杉並公会堂での収録では演出上の失敗が多発した。演出用の豚が暴れ回って大混乱。ウルトラマン登場のときに引っかかって子供たちに失笑が起きる。ウルトラマンが普通に階段を駆け下りてきた、などである。これらの失敗で、演出を担当していた実相寺昭雄がクビになりそうになる。それでも編集されて、番組として売り物になり、視聴率三〇・六％を取った。

【注11】演じる佐原健二は以後、ウルトラシリーズの常連になっていく。万城目淳がパイロットなのが、「円谷英二的」であろう。由利子を演じたのは、桜井浩子。一平を演じたのは、西條康彦。

【注12】万城目ら三人の主人公を含め、レギュラーが誰も登場しない回がある。第一五話「カネゴンの繭」である。お金が大好きで、落ちているお金を拾っては貯める少年が、お金を食べる怪獣カネゴンに変身してしまう話である。

【注13】民間人が行く先々で怪奇現象に必ず遭遇する設定は無理があるので、その問題を解決するために、公務員である科学特捜隊が誕生する。『ウルトラマン』の科学特捜隊以降のウルトラシリーズ歴代チームは全てが公務員である。ところが今度は、そのチームにウルトラマンがいて、ウルトラマンが変身して戦っているあいだは、チームから姿を消しているのにチームの皆が沈黙しているという矛盾が生じた。ウルトラシリーズではないが、円谷プロの『ミラーマン』（一九七一〜七二年放映）ではそうした矛盾を解決すべく、ミラーマンに変身する主人公を民間人のカメラマンにした。
なお、科学特捜隊は『ウルトラQ』に登場する一の谷研究所の世界的科学者・一の谷博士が作ったとされる。一の谷博士は、万城目らからは「先生」と呼ばれ、事件解決へのアドバイスをする役どころである。

【注14】『ウルトラマン』第一〇話に登場するジラースも、ゴジラに襟巻きを付けて色を塗って出来上がった。

【注15】大伴に関しては、竹内博編『証言構成〈OH〉の肖像　大伴昌司とその時代』（飛鳥新社、一九八八年）が最も詳しい。

第一章

ウルトラマン

――異端を受け容れる正統――

史上初の変身巨大ヒーロー

『ウルトラQ』は人気絶頂のまま、『ウルトラマン』へと続いた。「白黒特撮テレビ映画」で成功したTBSと円谷プロは、「カラー特撮テレビ映画」に挑む。

作品の主軸には、怪獣を据えた。『ウルトラQ』が放送されると、人気が出たのは怪獣だった。カネゴン、ガラモン、ペギラ、パゴス……魅力的な個性は視聴者を熱狂させた。怪獣ブームは絶頂を迎える。

さらに『ウルトラマン』では、人間が変身して怪獣と戦う巨大ヒーローが登場した。

それまで、『ゴジラ』も『ウルトラQ』も「怪獣対人間」の作品だったから、変身する巨大ヒーローは画期的だった。

『月光仮面』を筆頭に、『遊星王子』『少年ジェット』『七色仮面』『まぼろし探偵』『海底人８８《ハヤ》２３《ブサ》』『アラーの使者』『ナショナルキッド』『忍者部隊月光』など、実写ヒーローは全員が等身大だった。[注1] 当時を代表するアニメの『鉄腕アトム』『鉄人28号』のヒーローは、ロボットである。手塚治虫原作の『マグマ大使』は、『ウルトラマン』よりも一週早く放送が始まったが、主人公のマグマ大使は巨大ではあったが変身するのではなく、ロボットでもない人間でもない、〝ロケット人〟であった。

人間が変身して巨大化して怪獣と戦うヒーローであるウルトラマンは、それまでのヒーローでたとえるなら、ゴジラやキング・コングのような怪獣と戦う巨大スーパーマンか。ただそれだけではない。変身とフォルムも、ウルトラマンはそれまでのヒーローと大きく違う。

アメリカの『スーパーマン』は、人間クラーク・ケントの顔をしたまま戦う。日本では『スーパージャイアンツ』(一九五七〜五九年放映)のヒーローがスーパーマンと同じように人間の顔のまま戦っていた。主人公を演じる宇津井健が肌に密着した衣装、タイツ姿にマントをつけて、等身大の宇宙人に扮していた。これをエッセイストの竹内義和は、「寂寞感《じゃくまくかん》」と評した。[注2] 言い得て妙だ。

ウルトラマンは、彫刻家でありデザイナーである成田亨《なりたとおる》によってデザインされた。成田によれば、仏像とギリシャ彫刻をアウフヘーベンする、すなわち、それぞれの要素を取り入れて発展させたのが、ウルトラマンである。

『ウルトラマン』以降、ヒーローは変身し、人間の顔を見せずに戦うのが主流となる。東映作品では悪役が顔を見せるのとは対照的に、仮面ライダーもスーパー戦隊でも、ヒーローは変身後は素顔を見せない。

デザイナー成田亨がウルトラマンで、唯一、良しとしなかったのがカラータイマーであった。カラータイマーは、赤く点滅して、ウルトラマンのエネルギーの消耗を知らせる丸いランプである。

成田のデザインではカラータイマーはなかった。しかし、地球上では三分しかエネルギーがもたないウルトラマンの特撮シーンを、三分で終わらせなければならない演出上の事情もあって、成田が不承不承妥協した。それが、胸に突起した状態で付与されたカラータイマーである。のち「平成ウルトラマン」と呼ばれるシリーズのウルトラマンは全員、カラータイマーは埋め込まれている。さらに、庵野秀明が企画し、脚本を担当する令和の『シン・ウルトラマン』では、カラータイマーがはずされたデザインだ。

ここに日本を代表するヒーローとなる、ウルトラマンが誕生した。

監修は『ウルトラQ』に続き、円谷英二。メイン監督は円谷一。メインライターは金城哲夫。円谷一の弟子であり、ほかの脚本家たちをまとめる存在でもあった。円谷・金城コンビは、一話と最終話の他、作品の中心となる重要な回を担当した。作品を語るうえで欠かせない、ベムラー、レッドキング、ゴモラ、ゼットンは二人の手で送り出された。

『ウルトラマン』では、若手のスタッフがメインに踊り出た。特技監督は円谷英二の愛弟子・高野宏一が三九話中三四本を担当した。

メイン監督の円谷一の他に、飯島敏宏、野長瀬三摩地《のながせさまじ》、実相寺昭雄《じっそうじあきお》、満田穧《みつたかずほ》らが、二話ずつ撮るローテーションで本編の監督を行い、番組を制作していった。

円谷一が「シナリオが書けなければ演出家は務まらない」との考えの持ち主だった影響もあり、本編の監督の何人かが、別名で脚本を手がけた。脚本家・千束北男《せんぞくきたお》は飯島敏宏《いいじまとしひろ》、南川竜は野長瀬三摩地、そして『ウルトラセブン』の川崎高は実相寺昭雄、それぞれのペンネームである。

本編監督同様、脚本も何人かのローテーションで書かれた。年齢は金城の一つ上だが仕事上は後輩である上原正三《うえはらしょうぞう》。のちに作家・脚本家になった藤川桂介《ふじかわけいすけ》。ＴＶドラマ『太陽にほえろ！』なども書いた山田正弘《やまだまさひろ》。そして、必ず実相寺監督とコンビを組んだ佐々木守《ささきまもる》である。

当時、「テレビ界の梁山泊《りょうざんぱく》」と言われていた。[注3]

作品名が『ウルトラマン』に決まるまでは、紆余曲折があった。企画段階では、かつてフジテレビに提案した「ＷＯＯ《ウー》」が浮上し、次に宇宙人ベムラーを主役とした「科学特捜隊　ベムラー」となる。ヒーローのデザインは烏天狗《からすてんぐ》のようだった。[注4]さらに主人公が「レッドマン」となり、最終的には『ウルトラマン』にたどり着く。ちなみに、ベムラーの名は第一話に登場する怪獣に付けられた。

今にして思えば、『ウルトラマン』は「タイトル勝ち」と言えよう。前作が『ウルトラQ』で、しかも巨大なスーパーマンだから『ウルトラマン』である。さらに、主人公の「キャラ立ち」にも成功している。

身長四〇メートルの巨大ヒーロー。三分間で人間がいかなる科学力を駆使してもかなわない巨大怪獣をスペシウム光線でやっつける……。設定がわかりやすい。

ウルトラマンの代表的な必殺技はスペシウム光線である。スペシウムとは、監督の飯島敏宏が考案した、架空の物質である。垂直にした右手と、水平にした左手をクロスさせて放たれる。そして、単なるクロスではなく、右手のプラスエネルギーと、左手のマイナスエネルギーから生み出される。

なお、これは大伴昌司による設定である。慶應大学で先輩の飯島は、「彼が出現するまでは、ぼくらはああいう考え方はまったくしてませんでした」「ぼくらの年代だと〝真剣白刃どり〟なんていって、時代劇の型になっちゃうわけですよ」「脚本から拾って位置づけしていったのもありますし、逆に彼が勝手に決めちゃったのもありますね」「二回目に撮影するときは大伴昌司の設定した性格付けにのっとって、ちゃんと撮るみたいなことがありました」と大伴の才能に感嘆している。[注5]

日本初のカラー特撮という明快なコンセプト、タイトル勝ち、主人公のキャラの明確さ、練りこまれた脚本と予算を厭わない特撮、雑誌展開による広告と作品世界の広がり。売れる条件がすべて揃っていた。

リアルさを捨ててでも子供に残虐描写は見せない

変身する巨大ヒーローが、毎回、巨大怪獣と戦うというコンセプトが決まった。ただし、単なる怪獣殺しの話にはしない。メインライター金城哲夫は固く心がける。加えて、監修の円谷英二、並びにメイン監督円谷一によって、「子供に残虐描写は見せるな」との方針も徹底された。その方針は『ウルトラマン』の最終回、最強怪獣ゼットンとの戦いでも貫かれている。

ゼットンの攻撃を受け、ウルトラマンが前のめりに倒れてしまう。しかし、次に映し出されたのは、ウルトラマンが仰向けに倒れている姿であった。矛盾するシーンのつながりに、編集の失敗だと指摘できる。果たして、そうなのか。

実は、二つのシーンの間にあった場面を意図的にカットした編集の結果である。カットされた場面とは、ゼットンがウルトラマンの死体を蹴り飛ばすシーンだったのだ。矛盾を見つけて喜ぶのは勝手だが、行間を読んでほしい。これは一つの手法なのだが、矛盾がないとの前提でものを

考え、行間を読み、想像力を駆使し、そこに矛盾がないように説明する一つの鑑賞法である。[注6]

残虐描写を見せない『ウルトラマン』は、能や歌舞伎の世界である。そのままを見せない想像力に訴える描き方であり、動きをそのまま再現しなくとも、想像力を働かせばわかる世界である。

『機動戦士ガンダム』は、人間が残虐に殺されているわけではないが、人間型のロボットが残虐に破壊される描写が多い。人体を傷つける描写を回避して戦場の悲惨さを伝える、巧妙な表現である。

一方、最近のアニメは、残虐描写を見せるのに躊躇しない。怪物が人間を食するシーンをリアルに描く『進撃の巨人』はその典型であろう。『エヴァンゲリオン』『鬼滅の刃』も然り。ある種の型により見る者に想像力を働かせるのと、そのままリアルに見せるのと、どちらが優れた表現技法か。たとえるなら、今や古典となった特撮が歌舞伎なら、想像力抜きでそのままを見せている日本のマンガやアニメは、中国雑伎団か。歌舞伎の宙乗りと、中国雑伎団の演武を比較しても意味がないとも言えるが、いずれにしてもどちらが優れているというより、違うものであると解釈するのが妥当だろう。

悪い奴らをやっつける我らは科学特捜隊[注7]

地球防衛軍の中の、怪奇現象や巨大怪獣の出現に立ち向かう、精鋭の防衛チームが「科学特捜隊」である。略称・科特隊。本部はパリにあり、『ウルトラマン』の舞台になるのは日本支部である。

科特隊日本支部のメンバーは五人。

隊長は、「キャップ」と呼ばれるムラマツ、三六歳。名優小林昭二《こばやしあきじ》が演じている。後に「こどもので小林を使えば必ずその作品はあたる」と言われるようになる[注8]。

科学特捜隊のエリート隊員ハヤタ、二五歳。ウルトラマンと一心同体になり、変身する主人公である。意外と口数が少なく、ウルトラマンになる前から宇宙人のような雰囲気があり、何を考えているのか、外からはうかがいしれない。ハヤタ隊員を演じるのは、黒部《くろべ》進《すすむ》である。なお、番組のオープニングで、スタッフに続き出演者がクレジットされる。最初に名前が記されるのが、ムラマツキャップの小林昭二で、主人公ハヤタの黒部進はその後だった。次番組の『ウルトラセブン』でも、隊長のキリヤマの名が真っ先に表示された。

アラシ隊員、二六歳。毒蝮三《どくまむしさん》太夫《だゆう》が本名の石井《いしい》伊吉《いよし》で演じている。アラシは怪力で、スーパーガンだけでなく、火炎放射、ビーム砲などさまざまな攻撃ができるスパイダーショットを使用する。

イデ隊員、二四歳。発明が得意。普段は陽気で、ふざけているように見えるが、重要な回では深刻に悩む一面を見せるので、余計にシリアスさを画面に伝える。演じたのは、二瓶正也《にへいまさなり》。

フジアキコ隊員。科特隊の紅一点。科特隊のメンバーの中で、一人だけ最初からフルネームが決まっていた。演じた桜井浩子《さくらいひろこ》は、前作のレギュラーを一人だけ残して起用する、当時のスピンオフ方式によって、『ウルトラQ』の江戸川由利子役から続けての出演であった。

他にホシノイサム少年（演・津沢彰秀）、一一歳。子供が親しみやすいようにとの配慮からなのか、なぜか科特隊に出入りできる少年が設定された。科特隊のユニフォームを着用している場面もあり、隊員になったようだが、何の説明もないまま、第二五話で退場した。

こうした子供役の設定は、往々にして、見ている子供たちの反感を買ってしまう。子供は媚びられていると感じるからである。後のウルトラシリーズでも同様の子供が登場する。『ウルトラマンタロウ』でこそ成功しているが、『帰ってきたウルトラマン』『ウルトラマンレオ』ではかなり苦労している。『ウルトラマンエース』も子供を出すが、すぐさま、何の説明もないままに降板している。

気の毒な言い方だが、ホシノ君が途中降板したことによって、作品の完成度が上がっている。シリーズ中、唯一子供のレギュラーがいない『ウルトラセブン』が、「大人の世界」として評価が高いのにも理由があるのである。

科特隊の隊員は、当初は名字だけがカタカナで設定されていたのが、放送約三十年後の一九九六年に作られた映画『甦れ！ウルトラマン』で、はじめて「名」が与えられてフルネームになり、村松敏夫、早田進《シン》、嵐大助、井手光弘、富士明子、そして星野勇と漢字で表記された。

科特隊は「量より質」の少数精鋭部隊である。もちろん、五名だけで地球全部を守っているわけではないが、それぞれが特殊能力を有している。そもそも、科特隊が怪獣と戦う兵器を使用するのは、特殊能力である。特殊能力は大量生産できない。たとえば、ハッカーは、教育してハッカーにするのではなく、才能のある者を選りすぐり、才能を強化する育て方しかできないのと同じである。教育で大量生産するのは不可能なのである。

科特隊の主力戦闘機ジェットビートルは、岩本博士（演・平田昭彦）の発明だ。ジェットビートルの形が、アメリカ航空宇宙局（ＮＡＳＡ）が一九八一年から打ち上げる、本物のスペースシャトルに似ている。時系列にすれば、言い方が逆だ。スペースシャトルがジェットビートルに似ているのである。甚だしい偶然なのであろうが、それにしても似ている。

科特隊は、実在する当時の最新戦闘機ファントムⅡこと、F-4戦闘機も使用している。科特隊のファントムは、いろんな怪獣や宇宙人に撃墜され続ける。航空自衛隊が実際に導入する以前の放送であった。

ウルトラマンと政治——バルタン星人は人間の影

第一話「ウルトラ作戦第一号」の冒頭、宇宙怪獣ベムラーが宇宙墓場に護送される途中で逃走し、青い玉となって地球へとやってきた。その正体を突き止めようと接近する科特隊のハヤタと、ベムラーを追いかけてきたM78星雲の宇宙人ウルトラマンがぶつかり、地球人のハヤタは死んでしまう。交通事故である。が、ウルトラマンに命をもらい、ハヤタとウルトラマンは一心同体になった。

こうして『ウルトラマン』は、はじまる。

ウルトラマンの世界と人間の世界は別の世界である。別世界の両者が一体になる。たとえば、人間が事故で野生動物を殺したからと自分の命を与え一心同体になり、動物界で生きていこうと考えるだろうか……。それが可能だとして。

ウルトラマンは自然現象である怪獣や、宇宙人のような侵略者に対しては徹底的に戦う。しかし、地球人の政治や揉め事には絶対に介入しない。ウルトラマンにとって、地球人どうしの戦争は他人事《ひとごと》なのである。

こうした謎は、あえて語られないまま、作品は展開する。

ウルトラマンといえば、語らざるを得ないのが、宿敵のバルタン星人である。バルタン星人は、ウルトラシリーズの本編だけで六回も出てくる執拗さである。『ウルトラマン』には三回登場する。内、一回はホログラム（三次元映像）で現れるので、実質二回の登場である。

第二話「侵略者を撃て」が初登場である。制作は第一話で、監督は飯島敏宏。脚本は千束北男の名で、飯島が書いた。飯島はウルトラマンのスペシウム光線の考案者であり、バルタン星人の生みの親でもある。注9

宇宙旅行中に故郷のバルタン星が爆破され、帰るところを失ったバルタン星人が安住の地を求めてさまようちに、地球にたどり着いた。地球が気に入ったバルタン星人は、話し合いに臨んだハヤタの提案には応じず、「地球はもらった」と巨大化する。力尽くで地球を乗っ取ろうとするバルタン星人とウルトラマンの死闘が繰り広げられる。そして、スペシウムが嫌いなバルタン星人は、ウルトラマンのスペシウム光線に敗れた。円盤に眠っていた、バクテリア大の二〇億三〇〇〇万のバルタン星人も、ウルトラマンに円盤ごと爆破され、全員が殺されてしまう。注10

二回目は第一六話「科特隊宇宙へ」で、バルタン星人の生き残りがR惑星に居住地を作りながらも、やはり地球を侵略しようと挑んで来る。

そして、三回目の登場は第三三話「禁じられた言葉」だ。地球侵略を企むメフィラス星人が「オレの子分だ」とバルタン星人を見せるだけであり、単なるホログラフィーだと思われる。

『帰って来たウルトラマン』第四一話「バルタン星人Jr《ジュニア》の復讐」では、ウルトラマンと地球人に復讐を企てる。

『ウルトラマン80《エイティ》』に到っては、第三七話「怖れていたバルタン星人の動物園作戦」で、ウルトラマンを動物園で見世物にしようとしたあげく、第四五話のタイトルが「バルタン星人の限りなきチャレンジ魂」なのだから、恐れ入る。

本編ではないが、平成シリーズの『ウルトラマンマックス』の第三三、三四話の前後編で、バルタン星人は遂にウルトラの星の科学を超えて、ウルトラマンよりも巨大になり、ウルトラマンマックスを踏み潰す。バルタン星人過激派のダークバルタンがウルトラマンに勝利した。一方、バルタン星人穏健派のタイニーバルタンが、ダークバルタンの企みを知らせに地球にやってくる。同時に、バルタン星人の今日までが明かされる。バルタン星人は、元は地球の人間のような姿をしていたが、狂った科学者の核実験でバルタン星が爆破され、流浪する羽目になった。科学は進歩しても心が歪《ゆが》んでしまったがために、あの姿になったというのである。

穏健派タイニーバルタンの働きもあり、ダークバルタンも元の姿に戻り、結果的に地球人とウルトラマンとバルタン星人の和平が結ばれる結末を迎える。

人間が光を浴びて進化した姿がウルトラマンであり、人間が科学を悪用し邪悪になってしまった姿がバルタン星人であったのだ。

そのバルタン星人を「子分の一人」と言い放ったメフィラス星人は手強い相手だった。作品中でウルトラマンと引き分け、倒されることなく帰還した。

地球侵略を狙うメフィラス星人の手口は、インディアンから土地を奪ったアメリカ人そのものである。メフィラス星人は、最も純情な年齢にあるサトル少年を選んで、「どうだね？ この私に、たったひと言〝地球をあなたにあげましょう〟と言ってくれないかね」と語りかける。友好的な口調で話しながら、一方で、バルタン星人、ザラブ星人、ケムール人を巨大化させて見せ、「バルタンもザラブもケムール人も、みんな私の命令で地球を攻撃することができる」と、有無を言わせぬ態度で脅してくるのである。腕力には自信があるので実力行使も辞さないが、大人しく従うなら穏便に奴隷にするといった態度である。軍事力を使う直接侵略だけでなく、それ以外の方法による間接侵略である。間接侵略の要諦は、心を支配してしまうことだ。

メフィラス星人は人間の心に忍び寄った。しかし、地球人は撥《は》ねつけた。間接侵略されていなかったからだ。この時は。

作品世界を覆しかねなかった実相寺昭雄と佐々木守

監督の円谷一や飯島敏宏、脚本家では金城哲夫らの路線が、正攻法によるメインストリームである。その一方で、監督実相寺昭雄と脚本家佐々木守のコンビが変化球を出してくる。

実相寺昭雄と佐々木守は真正の左翼である。同時に、京都をこよなく愛した。[注11] 特に、映画評論家の切通理作《きりどおしりさく》がインタビューした際、佐々木の第一声は「天皇制こそが、日本の諸悪の根源だと思います」だった。[注12]

正攻法の世界観の中に左翼を取り込んだことで、『ウルトラマン』の作品の世界観が広がった。[注13]

実相寺昭雄は『ウルトラマン』の本編・全三九話のうち六話分を監督し、その全ては佐々木守による脚本であった。そのうち三作は、代表作とされる。

第一五話「恐怖の宇宙線」は、子供たちが土管に落書きした怪獣ガヴァドンが、宇宙からの放射線と太陽光線が融合した〝宇宙線〟を浴びて、太陽が出ているあいだ、本物の怪獣になって現れる話である。ガヴァドンが現れたといっても暴れるわけでなく、ただ寝ているだけで、陽が落ちると土管の絵に戻ってしまう。ガヴァドンは単純に描いた下手な絵だから寝てばかりなのだと、子供たちは、怖そうなカッコいい怪獣に描き変える。それでも、ガヴァドンはやはり寝ているだけであった。

ガヴァドンが街の中で寝ているだけでも、国民の経済生活はメチャクチャに破壊されるからと、ムラマツキャップは科特隊とガヴァドンとの最終決戦を決定する。しかし、夜中に土管の落書きを消せば済むだけである。現にイデ隊員がそれを提案する。しかし、ムラマツキャップの「科特隊が落書きを消しにいけるか」の一言で却下されてしまった。実相寺の作品には官僚的な防衛チームを揶揄する描写が垣間見られる。[注14]

ガヴァドンをやっつけようとするウルトラマンに、子供たちが「やめてくれ」「殺すなよ」とヤジを浴びせる。子供たちの罵声を背に戦うヒーローが描かれた。

最後は、ウルトラマンは七夕の夜にガヴァドンに会えるようにしようと約束し、ガヴァドンを宇宙へ運び去った。なお、ガヴァドンを夜空の星にしてあげたラストは甘かったとの悔いが、佐々木守に続くジャミラやシーボーズの話を書かせる要因となる。[注15]

そのジャミラが登場するのが、第二三話「故郷は地球」である。「ジャミラ」とは、アルジェリア独立戦争に身を投じ、凌辱された世界的に有名だった少女の名前だ。[注16] あえて、「ジャミラ」

を出すことで、パリに本部がある科学特捜隊へのアンチテーゼとなっている。

作中のジャミラは某国宇宙実験の失敗で怪獣化した宇宙飛行士だった。ジャミラは大国が集まる平和会議が行われる直前の地球に帰ってきた。政府首脳は、ジャミラの存在を隠蔽しようとする。そうした姿勢に疑問を感じたイデ隊員は、ジャミラと戦うことを拒否する。人の心を無くしたかのように暴れ回るジャミラは、最後はウルトラマンに殺される。その断末魔にはは赤ん坊の泣き声がインサートされ、ウルトラマンが大国の覇権主義の走狗として、か弱い人間を虐殺するかのような演出がなされた。

第三五話「怪獣墓場」では、宇宙パトロールに出かけたイデとアラシが宇宙空間を漂う怪獣たちを目撃する。かつて科特隊が戦い、ウルトラマンに葬られた怪獣たちだった。その怪獣墓場から落下してきたシーボーズを宇宙に戻すべく、科特隊もウルトラマンもあらゆる手を尽くす。怪獣墓場の様子を聞いたフジ隊員の同情や、イデ隊員が怪獣供養を提案するのを聞いていて、ハヤタはいたたまれず外に出る。「許してくれ」と懺悔《ざんげ》するハヤタは、ウルトラマンに変身して空を仰ぐ。

最後は、シーボーズをロケットに乗せ、怪獣墓場に送り届けた。[注17] シーボーズはどことなく滑稽な外見と仕草で、余計に哀愁を誘う。また、ウルトラマンが変身道具のベーターカプセルとスプ

ーンを間違えるなどコメディタッチのシーンが悲壮感を和らげる。[注18]
なお、実相寺・佐々木コンビの六回のウルトラマンは、必殺技のスペシウム光線を一度も使っていない。

メインライターの金城哲夫が作品の矛盾を衝く

金城が言わんとするところを全て茶化してやろうとする佐々木の意図があからさまなのが、『ウルトラセブン』第三八話「勇気ある戦い」である。主人公に、ウルトラ警備隊がすばらしい戦いができるのは、人間の作った科学の力を信じているからだ、と言わせておきながら、直後に機械が故障。最後もウルトラセブンは体当たりで敵を倒す、科学とは何の関係もない結末になっている。

ジャミラやシーボーズで実相寺・佐々木コンビが作品の根底を揺るがすような変化球（というよりビーンボール）を投げれば、メインライターの金城も受けて立った。メインストリームで、単なる「怪獣殺し」とは異なる作品を披露する。

第二六話、二七話の「怪獣殿下」の前後編は本格派にして、極端な異色作だ。まず、いつもの『ウルトラマン』の世界ではない。怪獣など存在しない、現実の世界が舞台だ。現実の世界と

『ウルトラマン』が存在する世界が交錯する、文学でメタフィクションと呼ばれる手法を使った、実は難解な作品である。[注19] 学校で「怪獣殿下」と渾名されるオサム少年は、怪獣の存在を信じていると同級生からバカにされている。そしてハヤタが落としたベーターカプセルを届ける。オサム少年は、ハヤタがベーターカプセルでウルトラマンに変身するのを知っているのだ。つまり、オサム少年は現実の少年たちの投影なのだ。

人間は、無人島で平和に暮らし平和に眠っていた怪獣ゴモラを、大阪で開かれる万博で展示しようと捕まえる。輸送途中で麻酔が切れ、暴れたゴモラは高度二〇〇〇メートルから落下するが生きていた。ゴモラは地上で暴れ回り、ついには大阪城を破壊してしまう。ゴモラの尻尾の威力に、ウルトラマンはスペシウム光線さえ撃てず苦戦する。結局最後は、ゴモラは殺され、剥製にされてしまう。

これは誰がどう考えても、人間が一方的に悪い。金城は、わかりやすい勧善懲悪を旨とするウルトラマンらしからぬ作品を描くために、いつもの『ウルトラマン』の世界とは違うパラレルワールドを必要としたのだ。

第三〇話「まぼろしの雪山」も救いがない。

みなしごの少女ユキは「雪ん子」と呼ばれ、村の皆からいじめられている。亡き母が娘を守るため、怪獣ウーとなって現れた。ウーの出現で、村の観光産業が打撃を受ける。科特隊に解決の要請が入った。捜査を開始した科特隊に、ユキは「何でもかんでも怪獣呼ばわりして殺してしまう、恐ろしい人たちだ」と敵意をむき出しにする。ウルトラマンのメインストリームの世界観を構築してきた作り手が自ら、その世界観そのものを壊しにくる言葉で突き刺す。

そしてウーと格闘するウルトラマンがスペシウム光線を撃つ構えをみせたところで、ユキのウーを呼ぶ声が聞こえ、ウーは忽然と姿を消した。ユキは眠っているのか、凍死したのかは、曖昧なままの演出だった。

金城は、わざとスペシウム光線を撃たせなかった。金城は怪獣ウーを高度経済成長からはみ出してしまった人や自然の怨念であり、単純な「悪《あく》」ではないとする。高度経済成長や科学技術をそのまま「悪」と見做しているのは、むしろ、実相寺や佐々木である。金城はそれを承知で、実相寺や佐々木の挑戦を受けて立った。こうした作品世界そのものへの問いかけが、『ウルトラマン』に奥行きを与えることとなる。

怪獣にも地球人に敵対する怪獣と、人間の味方で友好的な怪獣がいる。特に「友好珍獣」と呼ばれるピグモンは、人間の味方である。『ウルトラマン』に二回登場し、二回とも身を賭して人間を守ってくれた。

第八話「怪獣無法地帯」に登場するのが最初である。無人島・多々良島で火山活動の観測を行っていた職員が消息を絶った。捜索に向かった科特隊が目にしたのは、互いにケンカして暴れ回る怪獣たちの姿であった。

ウルトラマン四大人気怪獣の一匹レッドキングに、チャンドラー[注20]がやられる。怪獣マグラーはレッドキングの前から逃げ出した。

ジャングルの中で、科特隊の前に現れたのがピグモンだ。人間の子供とほぼ同じ大きさの怪獣である。ついて来いとばかりに、ピグモンが先導する。後をついていくと、行方不明になっていた観測所員が負傷して横たわっていた。

そこへレッドキングが出現。ピグモンはレッドキングの注意を自分に引きつけるために、踊り出た。ピグモンは人間を守るためにレッドキングに殺されてしまった。

二回目は、第三七話「小さな英雄」に登場する。

ある日突然、ピグモンが現れ、必死に何かを訴える。ピグモンは、怪獣ジェロニモンが、ウルトラマンに殺された怪獣たち六〇匹を甦らせて、総攻撃をかけようとしている事態を科特隊に知らせに来たのだった。

その頃、イデは悩んでいた。ウルトラマンがいれば、自分たち科特隊はいなくてもいいのではないかと。そんな悩みをハヤタにぶつけると、ハヤタは「持ちつ持たれつだよ」と慰める。そして、ウルトラマンは我々人間が力いっぱい戦った時にだけ力を貸してくれるのだ、と諭《さと》す。[注21]イデは納得できず懐疑的である。怪獣ドラコを目の前にしても、ウルトラマンの名を呼ぶだけで、戦おうとしない。

ドラコがイデに襲いかかろうとしたとき、ドラコの前に飛び出したのがピグモンだった。ピグモンはまたしても自らの非力を顧みず、自らを囮《おとり》にする。小柄なピグモンは巨大怪獣のドラコに一撃で殺された。ピグモンはハヤタの腕の中で息を引き取る。

普段は冷静沈着なハヤタが激高し、「イデ、ピグモンでさえ、我々人類の平和のために、命を投げ出して戦ってくれたんだぞ。科特隊の一員として、お前は恥ずかしいと思わんのか」と、イデを平手打ち。イデは「僕が間違っていた」と、自身が発明した新兵器「スパーク8《エイト》」で、ドラコやジェロニモンらを倒す。

得てして「怪獣殺し」の作品になりかねない『ウルトラマン』に、「ウルトラマンはいついかなる時も正義なのか」との挑戦が突きつけられた。それに金城は、「ウルトラマンがいれば地球人は自分の星を自分で守らねばならなくてよいのではないか」との、さらなる疑問を突きつけた。

最終回「さらばウルトラマン」

金城哲夫は、沖縄出身である。[注22] 当時の沖縄は米軍の占領下にあり、日本本土からの移動にはパスポートが必要な時代だった。そもそも、琉球人のアイデンティティーは、本土人とは違う。『ウルトラマン』の記録的な視聴率の渦中で、金城は祖国のために自分が何をすべきか、悩んでいた。そもそも、その祖国が沖縄なのか、日本全体なのか。金城の作品は年を経るごとに沖縄民族主義の問題意識が色濃く反映されるようになる。

ちなみに、『ウルトラマン』は全三九話の平均視聴率が三六・七%。最高視聴率が四二・八%（第三七話「小さな英雄」）、最低視聴率でも、二九％（第五話「ミロガンダの秘密」）。TBSは当然、番組を続けてほしかったが、良質な作品を作り続けるのは、もはや不可能だった。そもそも、番組を作れば作るほど、赤字が膨らんでいた。そういう事情があり、『ウルトラマン』は三クール三九話で、シリーズ最終回を迎える。

最終回「さらばウルトラマン」では、四十年以上地球を狙っていたゼットン星人が円盤で飛来する。放送当時は米ソ冷戦の時期で、UFOも話題になっていた。

ゼットン星人が地球に送り出した最強怪獣ゼットン。ウルトラ史上初の「兵器としての怪獣」

である。

ゼットン星人は岩本博士になりすまし、科特隊基地に侵入し、破壊する。ウルトラマンもゼットンと戦い、敗れる。必殺技がすべてどれもこれも通じず、スペシウム光線も封じられた。ゼットンのテレポーテーションに翻弄され、最後は一兆度の火の玉でカラータイマーを破壊されて、倒れてしまう。

追い詰められた科特隊は、アラシが新兵器ペンシル爆弾を撃ち込んで、ゼットンを倒した。ペンシル爆弾は岩本博士が完成させたばかりだった。

同じころ、光の国からゾフィーがウルトラマンを迎えにきていた。「光の国へ帰ろう」と告げるゾフィーに、ウルトラマンは「私の命をハヤタにあげて地球を去りたい」と伝える。それを聞いて、ゾフィーは「ウルトラマン。そんなに地球人を好きになったのか。よし。私は命を二つ持ってきた。その一つをハヤタにやろう」と、一心同体になっていたウルトラマンとハヤタを分離する。ウルトラマンはゾフィーとともに、光の国に帰っていった。

一方、ハヤタは上空を遠ざかる赤い玉を見て、その玉とぶつかった記憶だけを思い出していた。

こうして『ウルトラマン』は、地球人が最強怪獣ゼットンを倒し、自主防衛で終わった。

最終回の脚本はメインライターの金城哲夫である。最初の脚本では、ゾフィーがゼットンを倒す予定だったが、地球人の自主防衛の話にした。『ウルトラマン』の最終回が放送されたのは一九六七年四月九日。

折しも小笠原諸島の日本復帰に向けての交渉がなされているときであり、当時の日本政府は、沖縄返還も持ち掛けていた。

金城の、「自分たちが弱いからこんな目に遭うのではないか」との思いが、『ウルトラマン』の終わり方に現れた。

『ウルトラマン』が始まる前、岸信介内閣が一九六〇年に締結した日米安保条約は、事実として日本の自主防衛を前提にしていた。高い視聴率に乗じて、『ウルトラマン』にそうした政治的メッセージを入れていたのではないかとの見方をする人もいる。注23

しかし、意図的に政治的メッセージを入れていたならば、これほどの人気は得ていないはずである。むしろ意図的に入れたのではなく、必死に作品をつくっているうちに、自然に入ったというのが実情だろう。

【注1】『決定版　全怪獣怪人大百科　昭和五十九年版』（勁文社、一九八三年）。同書は、一九五八（昭和三十三）年以降の特撮作品を収集している。

【注2】竹内義和『なんたってウルトラマン』（勁文社、一九八八年）一〇～一八頁。

【注3】かなりフィクションが混ざった小説だが、実相寺昭雄『星の林に月の舟　怪獣に夢見た男たち』（大和書房、一九八七年）が雰囲気を生き生きと伝える。

【注4】たとえば、神話の『古事記』や古典の『今昔物語』『太平記』などにも、異形の存在は登場する。しかし、変身巨大ヒーローはいない。紆余曲折を経て、ウルトラマンは現在の我々が知る姿で登場するが、発想はあまりにも独創的だった。

【注5】前掲『〈ＯＨ〉の肖像』一八二～一八五頁。現場には大伴を厭う声もあったとか。

【注6】この手法で哲学者のイマニュエル・カントは矛盾だらけに思える『聖書』の神の記述に整合性を与え、信仰を深めた。社会科学や自然科学では認められないが、人文科学では不可知論として定着している。

【注7】挿入歌『科学特捜隊の歌』の歌詞より。四拍子であり、軍歌調。作品内でＢＧＭとして多用された。

【注8】『ウルトラマン大百科』（勁文社、一九七八年）九七頁。『仮面ライダー』から『仮面ライダーストロンガー』までの全ての作品に、立花藤兵衛（おやっさん）役で出演している。

【注9】飯島敏宏は『バルタン星人を知っていますか？　テレビの青春、駆けだし日記』（小学館、二〇一七年）で、飯島本人はバルカン半島からバルタンを考えたが、フランス人歌手シルビー・バルタン由来に変更された経緯やスペシウム光線をめぐるエピソードなども記している。

【注10】盛田栄一ほか『空想法律読本』（メディアファクトリー、二〇〇一年）は、ウルトラマンがバルタン星人を倒し、二〇億三〇〇〇万のバルタン民族を殺したのは大量虐殺であり、国際法違反ではないかとの説を記す。しかし、あえて戦時国際法に照らすなら、戦地に民間人を連れて来たほうが国際法違反であり、

ウルトラマンがバルタン星人の民間人を殺した違法性は阻却される。この法理は、小著『国際法で読み解く世界史の真実』（ＰＨＰ新書、二〇一六年）を参照。

【注11】実相寺はウルトラセブンの後番組の『怪奇大作戦』において石堂淑朗《いしどうとしろう》の脚本で「呪いの壺」を、佐々木とのコンビで「京都買います」を制作している。いずれも京都を舞台にした様式美溢れる作品である。

【注12】切通理作『怪獣使いと少年』（宝島社、一九九三年）一二〇頁。

後に佐々木が全二六話すべての脚本を担当した『アイアンキング』（一九七二〜七三年放映）で悪役の「不知火一族」は、「大和朝廷に征服された日本原住民の末裔」であり、日本政府を「大和政権」と呼ぶ。

【注13】ただし、二人がメインになって制作した『シルバー仮面』はワンクール（三カ月分一三話の放送一区切り）もたず、第一一話以降、路線変更を余儀なくされた。あくまで正統に対する異端だからこそ、実相寺・佐々木の作品は開花したと言える。

【注14】『ウルトラセブン』第四五話「円盤が来た」は、それが主題。

【注15】前掲『怪獣使いと少年』一二六頁。

【注16】ジゼル・アリミ、シモーヌ・ド・ボーヴォワール『ジャミラよ朝は近い　アルジェリア少女拷問の記録』（手塚伸一訳、集英社、一九六三年）。

【注17】『ウルトラマンメビウス』第二一話では、ロケットにしがみついたまま怪獣墓場をさまよっている。

【注18】ちなみに、ハヤタが変身シーンでスプーンを持ち上げたのは、現場のアドリブである。その前のシーンでハヤタは外に出るとき、スプーンを置いていく。

【注19】現在の円谷プロの公式設定では、すべてのウルトラマンはパラレルワールドで繋がっていることになっている。最近では、そうした並行世界を飛び越えて登場するキャラクターも多くいる。えてしてパラレルワールドは「御都合主義」と批判されるが、金城哲夫は最初から設定していたのだった。

【注20】『ウルトラQ』の怪獣ペギラの着ぐるみを流用しているので、レッドキングの強さが際立つ。

【注21】『ウルトラマン80』第三七話では、「人事を尽くして天命を待つ」の言葉が使われている。脚本は石堂淑朗。石堂は「天命こそがウルトラマン」と考えていたとか（脚本家の會川昇氏のＴｗｉｔｔｅｒ二〇二〇年四月四日より）。なお、石堂は保守言論人としても活躍した。

【注22】金城の評伝は多いが、山田輝子『ウルトラマン昇天――M78星雲は沖縄の彼方』（朝日新聞社、一九九二年）を挙げておく。金城の盟友の作品として、上原正三『金城哲夫ウルトラマン島唄』（筑摩書房、一九九九年）。

【注23】佐藤健志『ゴジラとヤマトとぼくらの民主主義』（文藝春秋、一九九二年）が典型。同書は、ウルトラマンをアメリカ、地球人を日本に見立て、ウルトラマンに守ってもらう地球人を、アメリカに守られている日本にたとえる。しかし、その見方は一面的にすぎる。佐藤氏の手法は、「作品は、かくあるべし」とのテーゼを掲げ、その公式にはずれた作品を駄作と指弾する。たとえば、スーパーマンは自分を受け容れてくれたアメリカに対し、市民として恩返しをするので理由が国家主義的で明快だが、ウルトラマンの場合は博愛主義的で不明確だとする、などである。要するに、国家主義が善で、佐藤氏に博愛主義的とみなされれば駄作なのである。こうした大上段な批評の割には、佐藤氏は作品の全体像をつかんでいない。『ウルトラセブン』に至っては、第一四・一五話の前後編と、第四八・四九話の最終回前後編だけを扱い、シリーズ全体の中で例外的な部分（キリヤマ隊長が戦闘で苦戦するなど）だけを取り出して、自己の主張の根拠としている。佐藤氏が主張する「ウルトラマンと地球人」＝「アメリカと日本」の定式は人口に膾炙《かいしゃ》しているが、その見方は皮相に過ぎる。

第二章

ウルトラセブン

——軍神の記憶——

孤高の作品

『ウルトラQ』『ウルトラマン』は、作れば作るほど、赤字が増えていった。結果、『ウルトラマン』の放送終了後、TBSのタケダアワー枠では半年間だけ、東映制作の『キャプテンウルトラ』が放送された。そのブランクをおいて、制作されたのが『ウルトラセブン』である。

『ウルトラセブン』の時代設定は、「ウルトラ警備隊が一九八七年に結成された」とされている。ただし、これは「近未来」くらいの意味しかない。『ウルトラマン』第二三話でジャミラの墓碑銘に「一九九三年」と出てくるが、年代に整合性を与えようとの意図はない。[注1]

そもそも、『ウルトラセブン』は『ウルトラマン』の続編として制作されてはいない。『ウルトラQ』と『ウルトラマン』は繋がっている一つの世界の物語だと劇中で示唆されているが、『ウルトラセブン』ではそのような描写は皆無である。唯一の例外は、M78星雲光の国からやってきた、「ウルトラ」と名の付く光の巨人の存在だけである。

『ウルトラセブン』は、他のウルトラマンが一人も登場しない唯一の作品である。『ウルトラマン』でも、最終回にゾフィーが登場した。『セブン』の次の『帰ってきたウルトラマン』以降、「ウルトラ兄弟」「ウルトラファミリー」は公式設定となり、必ず客演回が存在する。

しかし、『ウルトラセブン』にはゾフィーやウルトラマンを含め、他のウルトラマンは誰も登場しない。孤高の作品なのである。その孤高性が、今では「シリーズ最高傑作」と評価される理由の一つでもあるのだが。

只一人、のちに「セブン上司」と呼ばれるウルトラマンが出てはくるが、その正体は謎である。セブン上司は、ウルトラセブンの人間の姿であるモロボシ・ダンの幻影ではないかとも、解釈できる。

制作当時、『ウルトラセブン』は完全に孤立している作品であった。

にもかかわらず、雑誌展開するなかで同じ一つの話にされていった。『ウルトラマンとウルトラセブンの怪獣えほん』(大伴昌司監修・構成、講談社、一九七〇年)や『怪獣ウルトラ図鑑』(大伴昌司、秋田書店、一九六八年)などに見られるように、ウルトラ怪獣とウルトラセブンの宇宙人が同時に掲載される影響もあって、当時の子供たちは、『ウルトラセブン』と『ウルトラマン』は一つの世界観であると理解していた。

テーマは宇宙人の侵略

では、『ウルトラセブン』はどんな作品なのか。テーマは「宇宙人の侵略」である。

怪獣には意思がないが、宇宙人には意思がある。自然現象である怪獣には災害対策だが、宇宙人とは意思がある闘争である。

『ウルトラセブン』全四九話のうち、宇宙人が登場しないのは、二回。怪獣だけが登場するのが、第二六話「超兵器R1号」だけ。この回の殺伐さは後述する。他に第三一話「悪魔の住む花」では、宇宙細菌ダリーが登場するだけで、やはり宇宙人は登場しない。この二話を除いて全話に宇宙人が登場し、地球人と抗争する。

三〇〇人の精鋭・地球防衛軍が外敵から地球を守る。その中の選りすぐりの六人のチームがウルトラ警備隊である。ウルトラホーク1号（戦闘機）、2号（宇宙ロケット）、3号（戦闘偵察機）、マグマライザー（地底戦車）、ハイドランジャー（潜水艦）など強力な兵器を駆使して戦う。

主人公モロボシ・ダンはウルトラ警備隊の六人目の隊員として入隊した。

ウルトラセブンは〝七番目の隊員〟を意味する。俗説で言われる「アメリカ第七艦隊」という意味ではない。「ウルトラセブンは第七艦隊」と広めてしまったのは、脚本家の市川森一《いちかわしんいち》だ。のち、市川はNHKのテレビ番組『私が愛したウルトラセブン』のシナリオを書き、劇中で金城哲夫に「ウルトラセブンは第七艦隊に見える」と言わせている。

しかし、ウルトラセブンは第七艦隊とは関係がない。当時、『ウルトラセブン』の関係者は誰もセブンと第七艦隊を結びつけてはいないのは明白だ。なぜなら、金城哲夫が企画していた、七匹の原始人が登場するコメディ作品のタイトルの『ウルトラセブン』を、そのまま付けたからだ。

第一話脚本では、「ウルトラ警備隊の七番目の隊員」として名付けられる描写があるが[注2]、そのシーンは放送ではカットされた。

最初の五話は、ウルトラセブンが侵略者や宇宙人が送り込んできた巨大怪獣を倒し、いわゆる「ヒーローもの」らしい展開である。やがて宇宙人の侵略は苛烈さを増し、複雑化していく。あまつさえ、ウルトラセブンは「ハニートラップ」に三回ひっかかっている（第三、四、三七話）。やがて、ウルトラセブンが巨大怪獣か巨大化した宇宙人を倒し、ウルトラ警備隊が敵のボスの円盤を撃墜するというパターンが確立していく。

『ウルトラセブン』の特長は、地球人の強さだ。そして、時に地球人の暴走にウルトラセブン――というより、地球人としての姿としてのモロボシ・ダン――が苦悩する話が多くなり、単純な正義と悪では割り切れない作品は、高いドラマ性をもたらした。

ウルトラ警備隊の異常な個性

ウルトラ警備隊は、「地球防衛組織のナンバーワン」と評される。[注3]

そのウルトラ警備隊を率いているのが、キリヤマ隊長（演・中山昭二《なかやましょうじ》）である。出演者の一番目に役名と共にクレジットされている。企画書に存在した〝キリヤマカオル〟とのフルネームは、後に公式設定となった。「宇宙人も恐れる無敵の隊長」とも評される。[注4]

キリヤマはこれだけの戦歴を誇り、大量殺戮を次から次へとくり返しながらも、劇中では沈着冷静、[注5]穏やかな人物として描かれている。部下思いでありながら、ときに非情な決断を下す。

熱血漢の単細胞の役回りが、フルハシ隊員。スピンオフ方式が採用され、『ウルトラマン』でアラシ隊員を演じた石井伊吉改め、毒蝮三太夫が演じる。

第二五話「零下１４０度の対決」の一シーンが、フルハシの熱血漢で単細胞ぶりを最大限に伝える。防衛基地の地下に忍び込んだ怪獣ガンダーが電源を破壊したとき、フルハシは時限爆弾を使ってガンダーを吹っ飛ばそうと提案する。しかし、キリヤマ隊長に「無茶なことを言うな。基地ごと吹っ飛んだら元も子もないじゃないか」と叱られ、シュンとする。

そんなフルハシが、第二四話「北へ還れ！」で主役を演じる。北海道の実家に帰って来て、牧

ウルトラ警備隊（地球防衛軍）が倒した敵の一覧

話数	倒した敵	備考
第４話	ゴドラ星人	
第６話	ペガッサ星人	60億人の住む宇宙都市ごと破壊。
第10話	イカルス星人	
第11話	ワイルド星人	
第12話	スペル星人	
第13話	アイロス星人	
第15話	キングジョー	第14話との前後編。セブンが勝てなかった強敵。
第17話	ユートム	地底都市を現場のソガ隊員が独断で破壊。報告されたキリヤマは微笑。
第18話	グモンガ	
第19話	バド星人	
第20話	シャプレー星人	
第21話	ミミー星人・アイアンロックス	アイアンロックスはトドメこそセブンだが、致命傷を与えたのはキリヤマの一撃。
第22話	ブラコ星人	
第26話	ギエロン星獣	核兵器で星ごと破壊。
第27話	ボーグ星人	
第29話	プロテ星人	
第30話	プラチク星人	骨だけになっても襲い掛かってきたが、トドメを刺す。
第34話	謎の円盤群	
第36話	ザンパ星人	キリヤマがクラタと2人で3万人の宇宙船団を撃破。
第38話	バンダ星人、クレージーゴン	クレージーゴンは、セブンが勝てなかった強敵。
第41話	テペト星人	
第42話	ノンマルト	海底都市破壊。キリヤマは攻撃を2秒ほど躊躇。
第45話	ペロリンガ星人	
第46話	猿人ゴリー	
第47話	フック星人	
第49話	ゴース星人	第48話との前後編。地底基地を破壊。世界主要都市をミサイルで破壊され、人類が滅亡寸前に追い込まれる大激戦。

場の面倒をみてほしいと頼む母親に、フルハシ隊員は身を以て自分の仕事に対する誇りを示す。この回で名前が「シゲル」だと判明した。

明るく、とても人当たりがよいソガ隊員（演・阿知波信介《あちはしんすけ》）は、射撃の名手である。第二九話「ひとりぼっちの地球人」では婚約者も登場する。ダンとはウマが合い、仲が良い。

アマギ隊員（演・古谷敏《ふるやびん》）は名プランナーで、コンピュータの操作などを得意とする。しかし、マジメ過ぎるきらいがあり、人当たりが悪い。爆発恐怖症で、それを克服させようとしたキリヤマにオトリにつかわれたこともある（第二八話）。

ウルトラ警備隊紅一点の友里アンヌ隊員（演・ひし美ゆり子）は、ウルトラ史上最高のヒロインとの呼び声が高い。皆が戦闘に参加しているのに、一人だけ逆走してダンのほうに走っていくなど、地球防衛よりもダンのことしか考えていないフシがところどころで見られる。

そして、六番目のモロボシ・ダン隊員（演・森次浩司《もりつぐこうじ》）は心優しい、悩める青年である。

第一話で自称風来坊の男として、ソガとフルハシの目の前に現れ、名前を訊かれると「名前？　そう、モロボシ・ダンとでもしときましょう」と、その場で勝手に決めて名乗る。当初はミステリアスな青年として描かれていた。

第一七話で、ウルトラセブンが地球上でモロボシ・ダンの姿になった経緯が明らかになる。登山中の二人の青年が、互いをザイルで結びつけたまま宙吊りになってしまった。このままでは二人とも死んでしまう。仲間にぶら下がった格好になったほうの青年が、自らザイルを切って自分を切り離す。上で支えてくれている仲間を救うためであった。ザイルを切り離した青年・薩摩次郎は、たまたま通りかかったウルトラセブンに助けられ、一命を取り留める。ウルトラセブンは薩摩次郎の姿をコピーして、地球ではモロボシ・ダンと名乗った。

この第一七話は上原正三の脚本である。自らを犠牲にして仲間を救おうとした青年の名前を、敢えて「薩摩」とした。沖縄人・上原の「日本人になりたくて仕方がない」思いの発露だ。沖縄人でも鹿児島人でもなく「日本国民」とするのが、国民国家の思想だ。沖縄人の上原が理想の人物に「薩摩」と名付けたのは、国民国家への憧憬だ。

なお、この一七話には、宇宙人なのか地底人なのか、よくわからないロボットのような敵が登場する。ユートムと呼ばれるその敵は、地下都市を築いていた。ダンとソガが地底に迷い込み、ユートムと戦闘になる。ユートムは地球人の敵で、侵略しようとしているに違いないと、ソガが地底都市ごと爆破する。地上に戻ったソガ隊員が敵の地底基地を爆破してきたと報告をすると、キリヤマ隊長は笑顔で迎えるのみ。[注6]まさに〝疑わしきは、決めつけて滅ぼせ〟、である。

なお、戦時国際法では「疑わしきは殺せ」が鉄則である。なぜなら、そうしなければ、自分が殺され、時に祖国が滅ぼされるかもしれないからだ。注7『ウルトラセブン』は、戦争のリアルを描いていた。

異様に個性的な人物は、レギュラーに登場する隊員だけではない。

地球防衛軍宇宙ステーションV3のクラタ隊長（演・南廣《みなみひろし》）は、たった三回の登場にもかかわらず、強烈な印象を残した。キリヤマ隊長とは士官学校時代から旧知の仲である（第一三話）。ときどき厳しすぎる行動をとることもある。注8

第三五話「月世界の戦慄」では、かつてキリヤマとクラタの二人でヘルメス惑星においてザンパ星人を全滅させたことが語られる。生き残ったザンパ星人が復讐を企み、キリヤマとクラタの二人をおびき寄せるが、あえなく返り討ちに遭った。

地球防衛軍上層部の面々も頻繁に登場し、地球防衛軍の軍事組織としての側面を強調する。

第一話にはヤマオカ長官（演・藤田進）、タケナカ参謀（演・佐原健二）、マナベ参謀（演・宮川洋一）、ヤナガワ参謀（演・平田昭彦）が一堂に会し、東宝戦争映画の常連俳優が揃う。他に、アメリカ人のボガード参謀。ヤマオカ・タケナカ・マナベは入れ替わり立ち替わり登場、登場回数が多いだけでなく、それぞれが強烈な個性を発揮する。

ヤマオカ長官は、第二五話「零下１４０度の対決」ではフルハシの口車に乗って、危うく原子炉ごと怪獣ガンダーを破壊して殺そうとした。さらに、ポール星人によって防衛基地が零下一四〇度の冷凍庫にされてしまう。キリヤマが、基地の死守を命令する長官と退却を求める部下の間に立って、苦渋の選択をする場面が描かれる。[注9]

タケナカ参謀は、キリヤマが不在だと、ウルトラ警備隊を勝手に指揮してしまう。マナベ参謀は、かなり冷酷な面がある。第六話「ダーク・ゾーン」で、宇宙都市空間ペガッサに六十億の市民が住んでいるのを承知で、地球への衝突を防ぐために、ペガッサの爆破を計画通りに行うと命令し、実行した。

ウルトラセブンは人間モロボシ・ダンとして生きている。全く同一の人格である。この点が、ウルトラマンとハヤタが異なる二つの人格が一つの肉体に存在していたのとは、大きく異なっている。ウルトラセブンは宇宙人としての正体を隠し、モロボシ・ダンの名を借りて地球人として過ごしている。地球人と宇宙人の「恒星間戦争」にあって、「なぜ地球人の側に立って戦うのか」との悩みに直面してしまうのである。

ペガッサ星人の悲劇――野蛮な地球人

ウルトラセブンでは毎回のように、宇宙人の侵略が描かれる。そして「戦争」の悲劇が描かれる。[注10]その代表例は「三大悲劇」と称される。

最初の悲劇は、ペガッサ星人である。

第六話「ダーク・ゾーン」で、ペガッサ星人が地球にやってくる。ペガッサシティと呼ばれる宇宙空間都市を持っている宇宙人だ。地球防衛軍はペガッサ星人が緊急を伝える電波をキャッチした。ペガッサシティの動力系統に故障が生じ、このままでは地球と衝突する。ついては、地球の軌道を変更して欲しいと求めてきた。しかし、地球が自力で軌道変更できないとわかると、「そんな事もできない野蛮な奴らは滅ぼしてやる」と怒りだす。ならばと、地球防衛軍は先手を打ち、衝突する前に、ペガッサ星を爆破しようとする。上層部は爆破を決定するも、ウルトラ警備隊は最後の最後までペガッサシティに呼びかける。脱出し、地球へ移住せよと。キリヤマ隊長はこれを「栄光ある任務」と名付けた。しかし、ペガッサ星人の考えは違った。自分の星の軌道もコントロールできない地球人に、科学が発達したペガッサシティを破壊などできるわけがないと高をくくり、地球側の提案を頑なに拒否する。ペガッサ星からの応答はなく、外交交渉は決裂。地球からのミサイルはペガッサシティを爆破し、ペガッサ星人を大虐殺する結果となった。

その翌週に放送された第七話「宇宙囚人３０３」は、地球とキュラソ星が友好を結ぶ話である。キュラソ星から逃亡した凶悪な殺人犯が地球で通り魔事件を起こす。キュラソ星の連邦警察から「発見次第殺害されたし」との要請が入り、ウルトラ警備隊が犯人を殺害する。キュラソ星の連邦警察からウルトラ警備隊に礼状が届いた。この第七話は、「キュラソ星と地球のあいだに素晴らしい友情が生まれることだろう」とのナレーションで終わる。

神話であったはずの『ウルトラセブン』は、現実の国際社会と同じ状況となる。「ウェストファリア体制」だ。「ウェストファリア体制」とは、主権国家ならば国家どうしは対等だとの考えである。「ウェストファリア体制」は、『ウルトラマン』には存在しない思考だった。『ウルトラマン』では、白人が有色人種を人間とは考えず、植民地にしていったのと同じように、人間を人間とは思わない宇宙人が登場するだけであった。ところが、『ウルトラセブン』では、地球はペガッサシティやキュラソ星と外交関係を持つ。主権国家ならば国家どうしは対等だと考える「ウェストファリア体制」になってしまった。そうなれば、地球人側に味方し、宇宙人と戦うウルトラセブンの立場は何なのか。超越した神ではない。一方に加担する当事者だ。

だが、作品が矛盾を突きつけられた結果、逆に世界観は広がっていくのが、ウルトラシリーズの特長だ。

モロボシ・ダンとメトロン星人が卓袱台《ちゃぶだい》で語り合う場面が出てくるのが、第八話「狙われた街」である。タバコを吸った途端に人々が凶暴になり、事件を起こす。タバコには宇宙麻薬に似た赤い結晶体が仕込まれていた。メトロン星人の仕業である。メトロン星人は卓袱台をはさんでダンに語る。武力などは使わず、地球人どうしの信頼を失わせて地球を壊滅させるのだと。ウルトラセブンはメトロン星人を美しい夕日のなかでの戦いで倒し、彼らの野望を挫《くじ》く。

最後に「人間どうしの信頼感を利用するとは恐るべき宇宙人です。でも、ご安心ください。このお話は遠い遠い未来の物語なのです。えっ、なぜですって。我々人類は今、宇宙人に狙われるほどお互いを信頼してはいません」と、ナレーションが流れた。

なお、この話の後日談が、本編ではないが『ウルトラマンマックス』第二四話「狙われない街」で語られる。ウルトラセブンのアイ・スラッガーで切り裂かれたはずのメトロン星人は生きていた。人間に助けられ、切られた痕を縫い合わせてもらい、四十年ものあいだ地球に潜伏し続け、侵略の機会を狙っていたのだ。だが、もうこんな星など侵略する価値はないと言い残し、迎えに来た円盤に乗って、夕日のなかを帰っていくのであった[注11]。

作り手たちは、ウルトラシリーズを架空の話としつつも、描いたのは現実だった。ウルトラシリーズはどの作品も、現実と格闘するファンタジーなのである。

ギエロン星獣の悲劇――血を吐きながら続ける悲しいマラソン

地球防衛軍は地球防衛のための計画を次々と実行に移す。

第一九話「プロジェクト・ブルー」は、宇宙人の地球侵入を防ぐため、地球をバリアで覆ってしまおうとする計画だ。一部が実施されたとき、計画阻止にやってきたバド星人との攻防で、ウルトラセブンはバド星人を倒す。しかし、プロジェクト・ブルーは失敗した。バド星人にとっての戦略目的は達成された。バド星人は数人の犠牲を出しながらも、プロジェクト・ブルーを破壊したからである。

しかし、『ウルトラセブン』の地球人は、それくらいでは屈しない。懲りない地球防衛軍は次の計画を実施する。

第二六話「超兵器R1号」では、核ミサイルR1号を開発する。宇宙人が侵略してくるのなら、敵の本星を核兵器で爆破すればいいのだと、星を破壊できる威力としてR1号を開発した。地球防衛軍は常に強力な兵器には、それを上回る強力兵器で対抗するのを良しと考えている。モロボシ・ダンはそれを「血を吐きながら続ける悲しいマラソン」だと苦悩する。

R1号の実験場にギエロン星が選ばれた。ギエロン星が選ばれた理由は、生物が棲んでいないうえに、地球から充分な距離があることだった。実験は成功する。しかし、棲んでいないはずの生物が棲んでいたのだ。実験の放射能で変異した生物ギエロン星獣が復讐にくる。

モロボシ・ダンと同一人物であるウルトラセブンは、R1号の実験さえなければ、戦わずに済んだギエロン星獣と、なぜ戦わなくてはならないのかと悩みながら戦う。悩みながらもギエロン星獣の喉をアイスラッガーで掻き切った。

「血を吐きながら続ける悲しいマラソン」のセリフは劇中、三回くり返される。最初はモロボシ・ダンがフルハシにぶつけ、二度目はアンヌがダンの言葉を思い出し、最後はキリヤマがダンのうわごととして、タケナカ長官らに伝える。

脚本家の若槻文三《わかつきぶんぞう》は、当時の米ソ核開発競争を風刺して、この作品を書いた。

現実の国際政治は、「血を吐きながら続ける悲しいマラソン」そのものである。神話の世界の登場人物であるウルトラセブンが、ウェストファリア体制の世界に巻き込まれれば、苦悩は深くなる。

ノンマルトの悲劇――我々の勝利だ！　海底も我々人間のものだ！

第四二話「ノンマルトの使者」で、モロボシ・ダンは根本的な疑問を抱く。自分が助けている地球人が、実は侵略者なのではないか。

地球人による海底開発が進められている。休暇中のダンとアンヌに、不思議な少年シンイチが海底開発をやめないと大変な事態になると告げに来る。その直後、海底開発センター・シーホース号が爆発し、沈没する。防衛軍基地に少年から電話が入る。海底はノンマルトのもので、人間が海底を侵略するならノンマルトは戦う、と。

ノンマルトと聞いて、ダンは懐疑的になる。ウルトラの星では地球人を「ノンマルト」と呼んでいたからだ。ノンマルトを人間だと理解しているダンは、人間でないノンマルトが存在するのかと動揺する。

シンイチは更に訴える。人間は、本当の地球人であるノンマルトから土地を奪い、海に追いやり、その上、海まで奪うつもりかと、アンヌに詰め寄った。

アンヌはシンイチがノンマルトではなく人間だと確認すると、「だったら、人間が人間のことを考えるの当たり前じゃない。海底は私たちにとって大切な資源なのよ」と脳天気に応えた。海底はノンマルトにはもっと大事なのだと食い下がるシンイチに、アンヌは「あたしは人間だから人間の味方よ。シンイチ君もそんなこと言うべきじゃないわ」と諭す。

ダンの悩みをよそに、ノンマルトとウルトラ警備隊の戦闘が始まった。ノンマルトが照射したレーザーがウルトラ警備隊のホーク1号のガンマ号部分を直撃する。アルファ、ベータ、ガンマの三機に分離できるホーク1号は、ガンマ号を切り離してなんとか切り抜けた。ウルトラ警備隊の戦闘機はほとんど撃墜されたことがなく、不時着か中破までであり、大破は一度も無い。だから、ノンマルトがガンマ号を撃墜しただけでも〝大善戦〟である。しかし、ウルトラセブンがノンマルトの操る巨大怪獣ガイロスを倒し、ウルトラ警備隊が潜水艦ハイドランジャー号で、原子力潜水艦グローリア号で攻撃してきたノンマルトを倒した。

キリヤマ隊長はそのまま、ノンマルトの海底都市に乗り込んでいく。宇宙人の侵略基地なら放置するわけにはいかない。一瞬、「我々人間より先に地球人がいたなんて」と躊躇する。その二秒後「そんなバカな。やっぱり攻撃だ」と、海底都市にミサイルを何発も撃ち込んで破壊した。キリヤマはたった二秒で疑問も苦悩も振り払い、任務だからとノンマルトを全滅させ、「我々の勝利だ。海底も我々人間のものだ。これで、再び海底開発の邪魔をするものはいないだろう」と高らかに宣言する。

キリヤマの所業に、この時代の日本人は誰でも「鬼畜ルメイ」を思い出す。日米戦争末期、敗色濃厚の日本に対し、民間人殺戮をもいとわない無差別都市爆撃を立案・実行した人物だ。[注12]

ノンマルトは「戦わない人たち」を意味する。ラテン語の軍神を意味する言葉「マルス」に否定の「ノン」を冠して「ノンマルト」である。「ノンマルトの使者」は、沖縄に帰るのを決めていた金城が、最終回の前に書いた作品であった。

行こう！　地球は我々人類自らの手で守り抜かなければならないんだ！

第三九話、四〇話の「セブン暗殺計画」前後編は、放送途中の三クール目の最後と四クール目の最初の放送となったのは、ひとえに、『ウルトラセブン』の一〇話分延長が決まった放送事情による。

ガッツ星人は、徹底的にウルトラセブンの戦い方を研究して、ウルトラセブンに正々堂々と決闘を挑んできた。受けて立ったセブンは敗北する。

ガッツ星人はウルトラセブンを十字架に貼り付けにし、「明朝、処刑する」と宣告してきた。地球人を絶望のどん底に陥れるためだ。

しかし、それを聞いたキリヤマ隊長以下ウルトラ警備隊の面々は絶望するどころか、「明日の朝まで時間がある」と闘志を燃やす。ウルトラセブンのエネルギーが足りないのなら、エネルギーになる物があればいいと、セブンのエネルギー源であるダイモード鉱石を探しだし、ウルトラセブンに届ける。

瀕死のウルトラセブンは蘇生し、再戦ではガッツ星人を圧倒した。

本来なら最終回で語られるはずの高いテンションで展開した。

『ウルトラセブン』は全四九話を終わってみれば、平均視聴率二六・五％、最高視聴率三三・八％（第二話）、最低視聴率一六・七％（第四一話）であった。番組延長の結果、最終回になった第四九話「史上最大の侵略 後編」の視聴率は二八・五％である。今の目から見れば羨ましい数字だが、当時は『ウルトラQ』『ウルトラマン』に比べて時代の終焉を感じさせた。この頃の空気を実相寺昭雄は「終戦処理」と表現する。注13

最終回の脚本は、金城哲夫が担当した。

冒頭から、モロボシ・ダンの様子が尋常ではない。これまでの数々の宇宙人との戦いで、疲れきり、身体が思うように動かない。体温九〇度、脈拍三六〇、血圧四〇〇。異常な数字が並ぶ。不調を押してパトロールに出たダンに、宇宙ステーションV3のクラタ隊長から、接近中の怪しい飛行物体を撃墜せよとの命令が入る。しかし、まともに攻撃できないダンは搭乗中のホーク2号にレーザーを受けてしまう。自ら出撃したクラタは円盤を撃退し、ダンの失態を激しく叱責した。

今度は、ゴース星人が大規模な侵略を仕掛けてきた。またもや、ダンのミスでゴース星人の地球侵入を許してしまう。レーダーを担当していたダンは、疲労の余りゴース星人の侵入を見逃してしまったのだ。注14

戦闘の末、ゴース星人はアマギ隊員を連れ去り、怪獣パンドンを送り込んで、ウルトラ警備隊を火攻めにする。

セブン上司から変身すれば死んでしまうと忠告を受けていたが、ダンは変身してパンドンと戦う。疲弊しきったウルトラセブンはエメリウム光線も出せない。それでもなんとか、アイスラッガーでパンドンを倒す。ダンは瀕死に陥った。

クラタ隊長が「貴様、寝ていたんだろ」とダンに激怒する。ダンが生死の境をさまようところで前編が終わる。

後編の冒頭、ダンは手術が必要かどうかの検査のために、レントゲンを撮ると告げられる。このまま、レントゲンにかけられれば宇宙人である正体がわかってしまう。ボロボロな身体を引きずるように、ダンは基地を抜け出した。そんなダンを、クラタは脱走兵呼ばわりし、情け容赦なく罵る。

戦闘は止《や》むことなく、地球防衛軍基地がゴース星人の襲撃を受けた。直情径行のクラタ隊長は、残っているホーク1号で出撃しようとするが、キリヤマは「やめろ。二子山（発進口）をスライドさせたら基地の中は丸見えになる」と、冷静に止めた。ソガとフルハシのホーク3号が舞い戻り、なんとか撃退した。

モスクワ、ニューヨーク、ロンドン、パリ、世界の主要都市がゴース星人のミサイルで破壊され、火の海と化した。ゴース星人は人質にしたアマギの身体を借り、人類に降伏を迫る。あと三十分以内に降伏しなければ次は東京の番だとゴース星人が脅す。地球防衛基地も崩壊寸前で、一刻の猶予もない。

ウルトラ警備隊も手をこまねいている訳ではなく、クラタらがゴース星人の秘密基地を見つけてきた。キリヤマが非情な決断を下す。時限爆弾を積んだ地底戦車マグマライザーを自動操縦でゴース星人の秘密基地に突っ込ませて爆破する、と。

しかし、アマギが人質に取られている。ソガが助けに行くと言い出すが、クラタは諦めろと止める。「彼だってウルトラ警備隊だ。自分の命よりも人類すべてのことを大事に思うだろう」と言った直後、キリヤマがマグマライザーの出動を命じる声が響く。

ダンはビデオシーバー越しに、その一部始終を見ていた。

ダンを看病していた少年の通報で居場所を突き止めたアンヌが、迎えにきた。

ダンは自分がウルトラセブンであると正体を明かす。[注15]

アンヌは「人間であろうと、宇宙人であろうと、ダンはダンにかわりないじゃないの。たとえ、ウルトラセブンでも」と答える。

しかしダンは、これが最後の戦いでM78星雲に帰らねばならないとアンヌに告げる。「行かないで」と止めるアンヌを振り切って、ウルトラセブンに変身する。ゴース星人の手からアマギ隊員を奪還するために。

シューマンのピアノ協奏曲イ短調作品五四[注16]が、ダンの告白、マグマライザーの全速前進、そして改造パンドンとの最後の戦いに流れる。

自分たちの目の前で、怪獣と戦うウルトラセブンがダンだと知り、クラタや警備隊の隊員たちは動揺する。しかし、キリヤマが決意する。

「行こう！　地球は我々人類自らの手で守り抜かなければならないんだ！」

クラタらの援護射撃があって、改造パンドンを倒したウルトラセブンは、西の空へと帰って行く。[注17]

後年、本編最後の作品でありウルトラシリーズの集大成ともなった『ウルトラマンメビウス』において、キリヤマは「軍神」のような存在となっていた。

ウルトラセブンは間違いなく、日本人の防衛意識が頂点に達した時代の作品だ。

【注1】日本を代表する漫画家の松本零士の作品には、いわゆる「松本年表」が存在する。『キャプテンハーロック』と『銀河鉄道999《スリーナイン》』は同時代の設定で、それぞれの主人公のハーロックと哲郎は共演するが、『宇宙戦艦ヤマト』は別時代の設定である。
スペースオペラの傑作として高い評価を受けている、田中芳樹の『銀河英雄伝説』は約二千年後の未来を舞台に描いた、歴史小説の体裁をとっている。当然、作品の事件に関する年表は精密に作成されている。それでも矛盾は生じているが（主要登場人物のミュラーの初登場の時点が混乱、頭脳明晰冷酷非道のオーベルシュタインが作品の歴史上に存在しない皇帝の名前を口走る、など）。
古典においては、紫式部『源氏物語』は破綻が少ない作品と言われるが、完全無欠ではない（専門家が指摘するところでは、六条御息所《ろくじょうのみやすんどころ》をめぐる巻のプロットの粗さ）。作品の批評において、完成度は唯一の指標ではありえない。

【注2】『ノンマルトの使者　金城哲夫シナリオ傑作集』（朝日ソノラマ、一九八四年）七六頁。

【注3】『ウルトラマンエース大百科』（勁文社、一九九一年）八〇頁。

【注4】『ウルトラセブン大百科』（勁文社、一九九〇年）九七頁。

【注5】たとえば、第八話でメトロン星人が煙草に仕込んだ麻薬に侵された部下のフルハシが発狂したように襲い掛かってきても、軽く取り押さえた後でひと言「おかしな奴だな」と終わらせる。最終回でも、部下のモロボシ・ダンの正体がウルトラセブンであると知り、セブンのあまりの疲労にアンヌが「ダンは死

ぬ気で戦っているんだわ」と訴え、他の隊員たちは動揺する中、「身体の具合が悪ければ悪いと、なぜはっきり言ってくれなかったんだ」と悔しさを滲《にじ》ませただけである。

【注6】このシーンを『帰ってきた怪獣VOW』（宝島社、一九九五年）二四頁は、「ソガ、おまえは報告書になんて書いた」と揶揄しているが、戦時国際法への無理解と評する他ない。

【注7】この法理は、小著『ウェストファリア体制』（PHP新書、二〇一九年）を参照。

【注8】前掲『ウルトラセブン大百科』九七頁。

【注9】『ウルトラセブン』放映三十年記念として、大崎悌造『ウルトラ警備隊　キリヤマ隊長に学ぶリーダーシップ』（ビー・エヌ・エヌ、一九九七年）が出版された。同書はキリヤマ隊長を中間管理職の悲哀として描いている。その論は、第二四話と第二五話だけを見れば当てはまろう。

【注10】厳密には、ウェストファリア型の「戦争」ではない。現実の人類の歴史に当てはめれば、白人の有色人種に対する植民地征服戦争が近い。植民地征服戦争は名前こそ「戦争」だが、グロティウス以来の人類が確立してきた「国家と国家の決闘としての戦争」ではなく、強大な力を持つ征服者と抵抗者の「殺し合い」あるいは「一方的な殺戮」である。実態として、ウルトラシリーズにおける宇宙人の侵略は、「戦争」ではなく、「植民地征服戦争」である。よって、外交交渉はめったに存在しない。キュラソ星人（第七話）、アンノン星人（第一六話）のような例外も存在するが、たいてい交渉は破綻する。それ以前に、会話が行われない場合がほとんどである。

【注11】「狙われた街」は実相寺昭雄監督・金城哲夫脚本の唯一のコンビ。「狙われない街」は、実相寺の遺作となった。

【注12】そのルメイが、戦後は航空自衛隊に協力し、日本の防衛力強化に貢献している。現実の国際政治は、正義と悪で単純に二分できない。

【注13】実相寺昭雄『夜ごとの円盤』（大和書房、一九八八年）二九〇頁。実相寺監督による第四三話「第四惑星の悪夢」と第四五話「円盤が来た」はファンの評価は高いが、実相寺の自己評価は厳しい。もっとも、実相寺は『ウルトラセブン』はもとより『ウルトラマン』にも自己評価が厳しい。

【注14】なぜレーダーの監視をダン一人で担当し、他の人間はいなかったのか、当然の疑問であろう。しかし、えてして信じられないようなたった一人の兵士のヒューマンエラーで、軍隊が敗北し、国が亡びる時すらある。最も有名なのは、たった一人の兵士が鍵をかけ忘れて無敵要塞のコンスタンティノープルを突破され、千年の栄華を誇ったビザンチン帝国が滅亡した事例だろう。もし地球がゴース星人に滅ぼされていれば、モロボシ・ダンは「ビザンチン帝国のカギをかけ忘れた兵士」と同じになった。亡国に至る時は、当たり前を当たり前にできないものである。

【注15】多くの論者が、「沖縄人でも本土人でも、金城哲夫」との、脚本家の問題意識で論じている。その最も優れた作品として、切通理作『怪獣使いと少年　ウルトラマンの作家たち』（宝島社、一九九三年）を挙げておく。

【注16】『ウルトラQ』ではSF的で『ウルトラマン』では軍歌調の主題曲とBGMを宮内國郎《みやうちくにお》が、『ウルトラセブン』では冬木透がクラシック調の音楽を担当していた。冬木は、ウルトラシリーズが終了する最も大事な場面で、シューマンを使用した。青山通『ウルトラセブンが「音楽」を教えてくれた』（アルテスパブリッシング、新潮文庫所収、二〇一三年）も参照。

【注17】ダンのセリフは、「西の空に明けの明星が輝くころ、一つの光が帰っていく。」である。後年、再放送などを見た視聴者から、明けの明星は西の空には輝かないだろうなどの指摘があったようだ。満田穧監督が意図したのは、「明けの明星が輝くころ、西の空に一つの光が飛んで行く。」であった。満

田監督自身も、誤解を招かない表現をしておけばよかったと悔やんでいたそうだ。作品が後世に残る事態を前提にした制作ではなかったことが伺える。

画竜点睛を欠くとの批判はあるだろうが、感動度が薄らぐだろうか。作品は完成度よりも感動度ではなかろうか。本放送当時はそのような指摘はなかったはずだ。

第三章

帰ってきたウルトラマン

――なぜ日本は敗戦国のままなのか――

ウルトラマンが帰ってきた！

一九六八年九月八日、『ウルトラセブン』は最終回を迎えた。その一方で、円谷プロダクションは、もはや、これまでのように多額の予算を投じた特撮が作れない状況に陥っていた。

同時期に、円谷プロが制作してフジテレビで放送していた番組が、『マイティジャック』である。有名俳優の二《に》谷英明《たにひであき》が主役、『ウルトラセブン』のクラタ隊長を演じた南廣が副隊長を演じた。大人向けとして作られた、一時間の特撮番組であった。膨大な経費をかけて作られたが、大失敗に終わる。[注1] 二クール二六話が予定されていたが、一クール一三話で打ち切られてしまう。事実上の路線変更で、『戦え！マイティジャック』とタイトルも変え、子供向けの三十分番組が二六話放送された。南が隊長、『ウルトラマン』のイデ隊員役で人気だった二瓶正也が主役に昇格した。しかし、裏番組の『巨人の星』に完敗した。時を同じくして、円谷英二の次男・皐《のぼる》はフジテレビを退社、円谷プロの経営に参画していく。

一方ＴＢＳでは、最大の看板のウルトラシリーズが終了し、『～セブン』の翌週からは『怪奇大作戦』が放送された。円谷一がＴＢＳにいた最後の時期の作品となる。一九六八年九月十五日から一九六九年三月九日まで、毎週日曜日十九時からのタケダアワー枠で、全二六話が放送された。

『怪奇～』は宇宙人や怪獣などの子供向けの要素は全て取り去り、現代の怪奇事件を描いた。警察が解決できない、科学を悪用した犯罪を、最先端の科学を駆使して、民間の機関・科学捜査研究所（Science Research Institute、略称はＳ《エス》・Ｒ《アール》・Ｉ《アイ》）が解決に挑む。実質的な主役は、岸田森《きしだしん》が演じるＳＲＩ研究員の牧史朗である。平均視聴率は二二％で、作品の評判も高かったが、二クール全二六話で放送が終了した。

なお、『怪奇大作戦』には欠番になった話がある。[注2] 本放送では第二四話として放送された「狂鬼人間」である。人を狂わせる機械にかけて狂気のうちに犯罪をさせる、犯罪者の話である。刑法第三九条「心神喪失者ノ行為ハ之ヲ罰セス」を利用して無罪になるので、警察も手に負えない。しかし、最後は捕まりそうになった犯人が、今度は自分をその機械にかけて終わる。

一九七〇年、円谷英二が亡くなり、長男の円谷一がＴＢＳを退社して、円谷プロの社長に就任した。

だが、経営は至難を極める。[注3] 好況の時に膨れ上がった人材を削減するのは、不況の際の定跡である。だが、副作用も大きい。

一の弟子の金城哲夫が、円谷プロを退社し沖縄に帰ってしまう。それまでＴＢＳの社員として円谷プロに出向していた飯島敏宏が、木下恵介プロダクションに出向となる。実相寺昭雄も映画監督を目指して独立する。一流のクリエーター達が、「一家離散」の状態に陥ってしまった。しかし、もはや円谷プロでは金のかかる特撮は作れないので、仕方がない。

そこで苦し紛れのような番組を作った。タイトルは『ウルトラファイト』。正味時間が三分の、五分間番組である。TBSの系列で一九七〇年九月二十八日からほぼ一年、毎週月曜日から金曜日まで毎日放送された。当初は、『ウルトラマン』『ウルトラセブン』の本編から戦闘シーンだけを流していた。しかし、人気が出たので『ウルトラマン』三九話と『ウルトラセブン』四九話では尺が足りなくなった。そこで、ウルトラセブンと怪獣のアトラクション用の縫いぐるみにプロレスをやらせ、そこに実況中継を付けただけの番組を制作した。それでも、かつてのファンは熱狂した。[注4] 今の視点で番組を見てみても、当時評判だったほどはおもしろいとは思えないが、当時はヒーローが怪獣と戦う番組への飢餓感が存在したのだ。常時一〇%の人気番組となった。その間、『ウルトラマン』が再放送され、視聴率も一八%の数字を叩き出す。[注5]

一九七〇年は円谷プロにとって地獄絵図の年だった。しかし、なんとか食いつないだ。『ウルトラマン』の再放送や『ウルトラファイト』の成功で、円谷プロは「やはり、ウルトラマンだ」と考える。

円谷英二は亡くなる直前に、『帰ってきたウルトラマン』の企画を提案した。実際、円谷一とTBSプロデューサーの橋本洋二は、本当にウルトラマンが三十年後に帰ってくる企画を作っていた。

ただ、企画を進めていくうちに、新しいウルトラマンを創造することとなる。これは、ウルトラマンを取り巻く商業的理由が大きかった。全く同じウルトラマンでは、オモチャが売りにくく、スポンサーが付きにくい。ただし、英二の遺言なのでタイトルは『帰ってきたウルトラマン』のまま、中味は別人の、新ウルトラマンが誕生する。正式名称のジャックと名前が付くまで〝新マン〟と呼ばれていた。[注6]

『帰ってきたウルトラマン』が制作されたころ、第二次特撮番組ブームが訪れた。スポーツ根性モノの雄だった『巨人の星』が、Pプロ制作の『スペクトルマン』（当初の番組名は『宇宙猿人ゴリ』）に苦戦し、一九七一年九月十八日に番組が終了する。

『帰ってきたウルトラマン』放映中の一九七一年十二月五日から、フジテレビで放送が始まったのが『ミラーマン』だった。円谷一は自らが監修する『ミラーマン』で、フジテレビに乗り込んでいく。防衛チームに属さない、民間人のカメラマンが変身する『ミラーマン』を作った。一九七二年十一月二十六日までの約一年間、毎週日曜日十九時から十九時三十分に、全五一話が放送された。「ウルトラ」のブランドがあり華々しい『帰ってきた〜』に対し、『ミラーマン』は徹底的にヒーローの孤独を追求する。

その『ミラーマン』に一週間先行する形で、一九七一年十一月二十八日から始まったのが、『シルバー仮面』である。TBSのタケダアワーで放送された。実相寺・佐々木コンビがメインになり、かつて『月光仮面』を作った宣弘社《せんこうしゃ》と組んで制作した。『シルバー仮面』は『ミラーマン』より一層暗い内容で、一九七二年五月二十一日までの約半年間、全二六話の放送であった。『ミラーマン』と『シルバー仮面』は、ウルトラマンの旧スタッフが、フジテレビとTBSとにわかれて対決する格好で制作された。視聴率の結果は『ミラーマン』の完勝で終わったが、『シルバー仮面』は今でもマニア人気を誇る。

一九七一年には他に、Pプロが『快傑ライオン丸』、東映が『好き!すき!!魔女先生』『超人バロム・1《ワン》』、そして『仮面ライダー』を世に送り出す。

『仮面ライダー』は『帰ってきたウルトラマン』が始まった次の日、一九七一年四月三日に始まり、一九七三年二月十日の終了まで、全九八話が放送された。『ウルトラセブン』で脚本を書いた市川森一が、『仮面ライダー』の企画に関わった。ただ、市川が脚本を書いたのは全九八話中、結局、〇・五本だった。第四話「人食いサラセニアン」を島田真之と共同執筆しただけに終わった。

市川は『仮面ライダー』で「正義の味方」という言葉を決して使わなかった。

一九六九年は学生運動が終わるきっかけとなった、全共闘による東大安田講堂事件などの記憶が生々しく残っているときだった。当局側も学生側もどちらも自分たちこそが正義だと言う。市川にとっては、どちらも全然正義ではない。〝正義〟などの言葉は全く空しい。仮面ライダーは、ナレーションのフレーズどおり、「人間の自由を守るために戦う」のである。そして『仮面ライダー』における悪の組織ショッカーは、「人間の自由を犯すもの」と設定されている。人間にとって最も大事な自由を侵すから、悪なのだ。ただし、こうした暗い設定では人気が出ず、第一三話で路線変更してしまう[注7]。

仮面ライダーを演じた藤岡弘がケガを負ってしまい、主演交代を余儀なくされ、ライダー2号が第一四話から登場する。ライダー2号の登場とともに、内容も人間の苦悩などは全く描かれず、完全に子供番組として作られる。その効果は視聴率に現れた。第一三話までの平均視聴率は関西では、二〇・一%、関東では一二・六%であったのが、第一四話以降最終回まででは、関西が二六・五%。関東では二二・四%と、二〇%越えを記録した。ちなみに、全九八話の平均視聴率は関西が二五・六%、関東が二一・三%である。

第一次特撮ブームが「怪獣ブーム」だったのに対し、第二次は「変身ブーム」となった。

ウルトラマンになってやる！

『帰ってきたウルトラマン』は一九七一年四月二日から一九七二年三月三十一日までの約一年にわたって、TBS系で毎週金曜日十九時から十九時三十分までの枠で、全五一話が放送された。

『ウルトラマン』は巨大怪獣との戦い、『ウルトラセブン』は宇宙人の侵略が、それぞれテーマだった。『帰ってきたウルトラマン』は、そのタイトルでもわかるように、「ウルトラマンに戻ろう」がテーマである。当時は環境問題が社会問題であり、地球環境の怒りを体現したような巨大怪獣たちが襲い来る。宇宙怪獣の初登場が第一八話であり、侵略宇宙人の初登場は第三一話となった。ゴジラも行き過ぎた科学文明による自然の怒りを体現していたが、ウルトラマンは人間を救う神のような存在であった。

そこに加えて、監修の円谷一、プロデューサーの橋本洋二、メインライターの上原正三が、ホームドラマを盛り込む。それが『ウルトラマン』『ウルトラセブン』との大きな違いだ。上原は、一歳年下で同じ沖縄出身の、金城哲夫に師事していた。

第一話前後編「怪獣総進撃」「タッコング大逆襲」では、主人公郷秀樹《ごうひでき》がウルトラマンになるまでの経緯と、防衛組織MAT《マット》（Monster Attack Team、怪獣攻撃隊）に入るまでが語られる。[注8]郷を演じるのは団次郎。

カーレーサーの郷秀樹は坂田自動車修理工場で働き、オーナーの坂田健とともにレーシングカー「流星号」を製作中である。流星号で優勝を狙っている。[注9]

しかし、怪獣が街に現れたとき、郷は少年と子犬を助けようとして命を落とす。それを見ていたウルトラマンが郷の勇気に感動したと、自分の命を郷に預け、郷と一体化する。ウルトラマンの意思で郷と一体化する点が、ハヤタにぶつかって誤って死なせてしまったウルトラマンとは異なる。

『ウルトラマン』のハヤタは科学特捜隊の一番のエリート隊員であった。『ウルトラセブン』のモロボシ・ダンは、ウルトラセブンが風来坊として現れた姿だった。普通の人より優れていた彼らに比べて、郷秀樹はもともと人間であり、しかも未熟であった。

ウルトラマンと一体化したとはいえ、当初の郷秀樹は自分の意思では変身できない。人間として成長途上にある郷は、ウルトラマンと一体化したのだから変身できるだろうと思いあがり、実際には変身できず狼狽《うろた》える。初期は、郷秀樹が人間として極限状態になったときに、はじめてウルトラマンの意思で変身できるのだった。

そんな郷には、支えてくれる仲間がいる。

坂田家の人々である。坂田家は両親がいない。健《けん》が妹と弟の親代わりである。坂田健を演じるのは、岸田森。妹のアキは郷の恋人であり、洋装店に勤める。演じるのは、当時の人気アイドル榊原るみ。[注10]末弟の次郎は、郷を慕う一一歳の少年である。演じるのは、後に『仮面ライダーV3』でも珠シゲル役でレギュラー出演する、川口英樹。

郷を取り巻く、坂田家の人々とMATをめぐり、ドラマが展開されていく。

『帰ってきたウルトラマン』は、第一話から第一七話が「もっとも怪獣らしい怪獣が登場する」、第一八話から第三五話が「特殊能力を持った怪獣が山のように登場する時期」、第三六話から最終回が「凶悪な宇宙人が怪獣を連れてくるようになった」と、三期にわかれる。[注11]

怪獣・宇宙人と戦うMATの隊員たちも、一人一人が丁寧に描かれた。MAT隊員は、ヘルメットに隊員番号が付けられている。

隊員番号1番は、加藤勝一郎隊長（演・塚本信夫）である。温厚で責任感が強く、優しい父親のような存在である。

2番は、南猛隊員（演・池田駿介[注12]）。南隊員はとても温厚で、優しいお兄さん的な存在だ。

3番は、岸田文夫隊員（演・西田健）。軍人の家系で、エリート臭を漂わせる。父親は旧帝国陸軍軍人であり、MATの上層組織にあたる地球防衛庁の岸田長官は叔父である。頭脳と射撃に自信を持つ。

4番は、上野一平隊員（演・三井恒《こう》）。弟分キャラの好人物。

5番は、丘ユリ子隊員（演・桂木美加）。オペレーターを務め、他の隊員の行動を指揮する。

MAT各隊員の主役回があり、各個人の来歴も語られていく。

第二五話「ふるさと地球を去る」は、南隊員が主役だ。

怪獣が出た村に行くと、いじめられっ子がいた。「じゃみっこ」と呼ばれる少年六助に、南は少年時代の自分を見る。南も友だちからいじめられ、先生からは叱られ、誰からも構われず「じゃみっこ」と呼ばれていた。そんな自分が、ある時、熊に猟銃を向けたのは本当の弱虫だったからだと振り返る。しかし、それで得た自信が、南をマットガンの名手にまで導いた。南はそんな話を郷に語る。南は六助にマットガンを撃たせる。怪獣が退治されたあと、六助が「また起こらないかな。今度はもっと撃ちまくってやる」と中空にマットガンをぶっ放すのを目の当たりにし、南は青ざめる。南の「もうよせ。もういいだろ」の言葉で、ようやく六助はマットガンを離した。

第四七話「狙われた女」は丘ユリ子隊員が、怪獣にストーカーされる話だ。

丘隊員は、ほかの隊員が現地で戦っているときに、基地でオペレーターを務める指令官の役割を果たす。その丘隊員がマイクやレーダーのスイッチを切ってしまうミスを連発する。隊長から一カ月の休暇を申し渡され、帰宅する。長めのジャケットのパンタロンスーツの私服で繁華街をふらつき、ようやく帰宅した丘隊員の姿は、疲れきった普通のOLの姿でしかない。やがて、全ては怪獣フェミゴンが丘隊員に乗り移っていたがゆえに起きた事件だとわかる。怪獣が退治され、丘隊員はいつものしっかりした丘隊員に戻った。

上野隊員は、第五〇話「地獄からの誘い」で、殺人犯の汚名を着せられる。佐竹参謀からは「今度の事件が明るみに出れば、MATの解散は時間の問題となろう」と言い渡される。上野の独房に入れられている姿が描かれた。

MAT隊員で、最も強烈な個性を放つのが、岸田隊員だ。最初の一〇話ぐらいまでは、郷に対して冷たく、まるで敵役である。

岸田隊員の転機となるのが、第一一話「毒ガス怪獣出現」である。地底怪獣モグネズンが地上に現れ、毒ガスを吐き出す。旧帝国陸軍が開発しながら使用せず、破棄するために地底に埋めた毒ガスだったとわかる。旧帝国陸軍軍人であった、岸田隊員の父親が開発に関わっていた毒ガスだった。それを知った岸田隊員は自分の手で怪獣を倒そうとする。帝国陸軍やMATで働く家系のプライドからくる岸田の正義感であった。ところが、モグネズンに逆襲され、岸田は重傷を負う。モグネズンの毒ガスに苦しめられながらも、ウルトラマンとMATの連携でモグネズンを倒した。松葉杖をつきながら退院する岸田隊員は、チームワークを乱した自分の行動を皆の前で詫び、打ち解ける。

この回の脚本は、沖縄に帰っていた金城哲夫だった。かつてのように、問題をオブラートに包んで子供番組の脚本を書いた金城ではなかった。沖縄運動にのめり込み、こんな露骨な話しか書けなくなっていた。これが、ウルトラシリーズ最後の金城作品になってしまった。

第四四話「星空に愛をこめて」も、岸田隊員の主役回である。岸田が長年、心血を注いできた超遠距離レーダーの完成する二日前の夜、郷と岸田は、燃える車の中に閉じ込められた女性を救出する。岸田は花束を持って、助けた女性アカネを一日に二回も見舞いに病院へ行く。アカネとの結婚さえ考えていた。しかし、アカネはレーダーを壊しにやってきたケンタウルス星人だったのだ。怪獣グラナダスがレーダーに迫ったとき、アカネはケンタウルス星人の姿に戻り、グラナダスに体当たりして抱きついたまま、グラナダスもろとも爆死する。レーダー爆破の使命を帯びて地球に送り込まれたとき、アカネの体内には大量の爆弾が埋め込まれていたのだ。岸田隊員の恋は終わった。

加藤隊長は第二二話『この怪獣は俺が殺《や》る』で宇宙ステーションへの転任が決まり、地球を去る。後任は、伊吹竜隊長となる（演・根上淳）。ニューヨーク本部から送り込まれ、MAT隊員達も格が上がったと喜ぶ。[注13]温厚な加藤隊長が、常に郷秀樹を庇《かば》うのに対して、伊吹隊長は郷に厳しく接するスタンスで描かれていく。ただし、根は家族思いの父親である。第四三話『魔神 月に咆《ほ》える』で、休暇をとった伊吹隊長が車を運転して家族とともに信州へ向かう。娘の美奈子がラジオのスイッチを入れると流れてきたのは、ペギー葉山が歌って大ヒットした『南国土佐を後にして』だった。伊吹は妻と娘にその直前まで「MATの隊長とあれば、本当は一日だって休んじゃいかんのだ。本当はな」と威厳をもって話していたのに、音楽が聞こえてきたとたんに、相好を崩し、思わずタクトをふるようなポーズまでしてしまう。伊吹隊長の咳払いは、家族の手前、決まりが悪いといった演技なのか。[注14]

長官と参謀のキャラが『ウルトラセブン』とは真逆！

ホームドラマと主人公の成長ドラマは、長らく酷評されてきた。[注15]また、そんな設定が凶と出て、初期は視聴率的に失敗する。初回こそ二六・四％をマークするが、下降していき一〇％台で低迷する回が続く。『ウルトラマン』や『ウルトラセブン』に比べると物足りない。『仮面ライダー』が初期一三話でも関西で視聴率二〇％をマークし、第一四話以降は視聴率を伸ばしていったのとは、対照的な時期がしばらく続いた。

確かに、『帰ってきたウルトラマン』のストーリーは過酷である。では、その過酷さの理由は何か。防衛組織の弱さである。

MATが所属する地球防衛庁の長官は、岸田長官（第五・六話前後編、一四話に登場）。演じるのは、藤田進。腰巾着のように登場する側近が、佐竹参謀（第五・六話前後編、一一、二〇、五〇話に登場）。演じるのは、佐原健二。

前作『ウルトラセブン』の長官・参謀コンビと同じ配役である。ところが、同じ役者が演じているのに長官も参謀も、性格が真逆なのである。地球防衛軍のヤマオカ長官が常に強硬論を主張するのに対し、岸田長官は世論ばかり気にしていて、すぐにウルトラマンの力を当てにする。同じくタケナカ参謀は隙あらば現場の指揮権に容喙するのに対し、佐川は自分の頭で何も考えない事なかれ主義者だ。

さらに、『ウルトラセブン』で三回しか登場していないのに強烈な印象を残した宇宙ステーションV3のクラタ隊長を演じた南廣が第一八話にゲスト出演するが、あっさり宇宙大怪獣ベムスターに殺されてしまう。南が『帰マン』で演じたのも、宇宙ステーションの隊長役だった。

概して、MATは弱い。岸田長官か佐竹参謀が登場するたびに、解散の危機にさらされる（第六、一四、二〇、五〇話。唯一例外の第一一話も既述の理由で異様な話である）。

そもそも、MATはウルトラ警備隊に比べ、明らかに装備も戦略思想も劣化している。主力兵器の飛行機を比較しただけで一目瞭然だ。

『ウルトラセブン』のウルトラホーク1号は、三機分離可能な大型戦闘機。偵察戦闘機の3号とともに主力である。四機で巨大怪獣と戦ったこともある。ホーク3号は、地底戦車マグマライザーも輸送可能である。他に宇宙ロケットとして、ホーク2号。そして番組を通して、ウルトラホークが完全撃墜され大破したことは一度も無い。

対して、『帰マン』のマットアロー1号は乗員二名の小型戦闘機、双発で大出力。マットアロー2号は乗員一名の軽戦闘攻撃機、単発で運動性が持ち味。たとえるなら、米軍のF15とF16の関係にある。[注16] だが、MATに大型戦闘機は存在しない。後発の『ウルトラマンA《エース》』のTACにはタックファルコン、『ウルトラマンタロウ』のZATにはスカイホエール、『ウルトラマンレオ』のMAC《マック》にはマッキー1号、それに『ウルトラマン80』のUGM《ユージーエム》にはスペースマミーと大型戦闘機が存在するが、ウルトラ警備隊が有していた大型戦闘機が、MATにだけ継承されていない時点で退化である。大型戦闘機が本当に不要ならば、TAC以降の組織でも制式化されないはずである。

また、マットアローは毎回のように撃墜される。まるで、戦闘力の低さを数で補おうとしているかのように。事実、ヘリコプターのマットジャイロとともに、大量生産されている。一般に、強い軍隊は「量より質」への転換を行うが、「質より量」のMATは弱い軍隊の典型であった。

MATの物理的、組織的、思想的な弱さは、視聴者に伝わる。

『ウルトラマン』における「ウルトラマンがいれば科特隊は不要ではないのか」との問いかけには、最終回で最強怪獣のゼットンを人間の手で倒すことが回答となった。

『ウルトラセブン』では、プロジェクト・ブルーに代表されるように地球人には自主防衛の気概があふれていたし、むしろ「三大悲劇」のような人間の行き過ぎにウルトラセブンが悩むほどだった。そして、やはり最終回で、キリヤマ隊長以下地球防衛軍は自主防衛を貫徹する。

ところが、『帰ってきたウルトラマン』のMATは、現実の日本、自衛隊そのものだった。

とにかくMATは、あらゆる意味で弱い。

第四話「必殺!流星キック」で、ウルトラマンが原子力発電所を狙う怪獣キングザウルス三世に、最初の戦いで負けた。郷はキングザウルス三世の強力なバリアを飛び越える特訓をする。ウルトラマンは二度目の戦いで、キングザウルス三世を倒す。負傷して倒れている郷を救出すべく

ＭＡＴ隊員が全員で駆け寄ったラストシーンで、こんな会話がある。加藤隊長が「今日はウルトラマンだけの活躍ではない。我々が心をひとつにして戦ったお陰だ。上野、いわば君もヒーローの一人だよ」と言えば、上野隊員が「オレもですか」と応える。怪獣にかすり傷の一つでも付けたなら、「ヒーロー」と威張っても構わないだろうが……。

第一〇話「恐竜爆破指令」では、子供たちが発見し、ステゴンと名前を付けた恐竜の化石を、工事関係者たちは工事が遅れるとの理由で爆破しようとする。ＭＡＴも爆破に向かう。しかし、郷が爆破中止を求め、その代わりに埋め戻すのを提案すると、加藤隊長は爆破を一瞬躊躇する。すかさず、工事関係者が「じゃあ、作業はどうなるんです。ＭＡＴは国家の事業に協力しないつもりですか」とたたみかけると、加藤隊長はステゴン爆破を決定した。しかし、失敗。結局、加藤隊長がステゴンを麻酔銃で撃ち、麻酔が効いたところで、ウルトラマンが宇宙へ運び去って解決した。ウルトラ警備隊のキリヤマ隊長なら迷わず爆破するだろうし、科特隊のムラマツでも逡巡はしないだろう。

第一三話「津波怪獣の恐怖　東京大ピンチ！」、第一四話「二大怪獣の恐怖　東京大龍巻」の前後編においても、ＭＡＴは怪獣シーゴラスの角をレーザー銃で破壊し撃退はするが、本当に倒してはいない。怪獣を殺さず、追い返しただけである。

MATは怪獣攻撃隊なのだが、シリーズを通して倒した敵は、巨大怪獣三匹（ゴーストロン、ゴキネズラ、レッドキラー）、等身大宇宙人二人（ゼラン星人、ズール星人）、小型怪獣二匹（クプクプ）、円盤三機（ドラキュラス、ブラック星人、ミステラー星人）だけである。[注17]「地球人の防衛チームは弱い」との印象を植え付けたのが、MATだった。

現実の自衛隊がそうであるように、法制度の不備、予算の不足、そして世論と政治への過剰な配慮がありながら、現場の兵士の士気（モラル）は高く、個々の技量は高い。しかし、それだけだった。

「決戦！怪獣対マット」——東京に水爆！　都民全員が逃げ惑う……

第五話「二大怪獣　東京を襲撃」と第六話「決戦！怪獣対マット」の、最初の前後編である。二大地底怪獣グドンとツインテールが現れる。グドンはツインテールを餌にしている。グドンはツインテールを喰おうと追いかけ、逃げるツインテールが暴れ回る。ウルトラマンはどちらにも勝てない。ウルトラマンが勝てない初めての敵の出現だ。

東京の被害はあまりにも甚大であった。上層部は、被害をこれ以上大きくしないために、小型水爆と同じ威力をもつ爆弾であるスパイナーの使用を決定し、東京中の住民を避難させる。

そんな大騒動のさなか、郷は病院に入っているアキに付き添っている。アキは怪獣が出た時に地下街に閉じ込められ、重傷を負っていた。郷は「MATを辞めてやる」と基地を出てきていた。

東京に避難命令が出されるが、重傷のアキを遠くへ移送するのは不可能だ。

病室に駆けつけたMATの面々に、坂田健が滔々《とうとう》と語りはじめる。自分が三歳だったときの一九四五年三月の東京大空襲の話を。自分の母親もどうしても疎開するのがイヤで、上空のB29に向かってこの子を殺さないでくれと祈り続けていたと……。

健の話を聞き加藤隊長はMAT隊員を全員引き連れ、岸田長官にスパイナーの使用を一旦中止してほしいと嘆願にいく。

岸田長官がではどうやって怪獣に勝つのだ、と問うと、怪獣の目に麻酔弾を打ち込む特攻作戦を提案し、許可を得る。ただし、岸田長官が条件を提示した。「その代わり、失敗したらMATは解散だぞ」と。

MATの六人は、バズーカ砲二門と各人が小型銃マットシュートを手にし、ジープ二台に分乗して、ツインテールに至近距離まで迫り、目を狙って撃ち込む。命懸けの作戦であった。

上層部が使おうとしていた小型水爆級のスパイナーとは、あまりにも差がありすぎる武器である。事実上の特攻作戦だ。[注18] MATはなんとかツインテールの眼に麻酔弾を撃ち込む。弱ったツインテールをグドンが噛みつき殺すが、餌とする前に自らもウルトラマンに倒された。

今見れば、「そもそも狙ったのがなぜツインテールなのか」から始まって、失敗したらどうする気だったのか、水爆を使わねばならない相手にその程度の貧弱な戦力で勝てると思ったのかなど、多くの疑問は残る。何よりこれがマトモな作戦なのか、と言いたくなる。

こうしたドラマ作りは、昭和のウルトラシリーズ第一期至上主義者からは、「リアリティーがない」と揶揄されてきた。

しかし、コロナ禍に苦しむ令和の読者は、怪獣に水爆を使うために東京都民全員を避難させる地球防衛庁と、現場で苦しむMATは、現実の日本そのものだったと気付くだろう。

良質な人間ドラマと自衛隊の現実

上原正三脚本の第一六話「大怪鳥テロチルスの謎」と第一七話「怪鳥テロチルス　東京大空爆」も前後編である。

幼なじみの由紀子と三郎は同じ会社に勤めていた。三郎は由紀子が会社の社長の息子と婚約したのを恨みに思い、二人の命を狙う。そこに現れたのが怪鳥テロチルスだ。怪鳥テロチルスは東京のビルを覆うように巣を作る。三郎は由紀子を人質にして、テロチルスの巣に覆われたビルに立て籠もった。単なる誘拐犯だ。婚約者の男は怪獣が怖くて逃げてしまい、人質にとられていた由紀子は誘拐犯の三郎に好意を寄せる。いわゆる、ストックホルム症候群に陥る。テロチルスの巣への攻撃開始三十分前。立て籠もっていた三郎が自首しようと、姿をみせたところを、自衛隊に射殺されてしまう。ウルトラマンがテロチルスを倒し、巣も焼き払われた。

子供番組で放送するような内容かと疑うストーリーは、とてつもなく後味が悪い。

かと思えば、第一五話「怪獣少年の復讐」のような子供が主役の人間ドラマも描かれる。脚本は田口成光。

史郎少年は、鉄道の運転士だった父親を怪獣に殺されたうえ、事故は怪獣が起こしたのだと訴えても聞いてもらえず、ウソつき呼ばわりされるようになる。片足を引きずるようになった史郎は、ウソを重ねる。頭がよく、流行のオモチャを持ち、家はお金持ち、お父さんも叔父さんも偉い人だと、皆をうらやましがらせるウソをつく。その一方で、怪獣の存在を訴え続ける。怪獣エレドータスは頭が弱点だと史郎が教え、ＭＡＴがナパーム弾を投下する。最後はウルトラマンがスペシウム光線でエレドータスを仕留めた。

MATの攻撃は一応の援護射撃になってはいるのだが、完全にウルトラマンの補完勢力になってしまう。MATだけでは、地球を守れない。『ウルトラセブン』がウルトラセブンはいなくてもウルトラ警備隊だけで地球防衛が成立する話であったのとは、真逆になっている。

第一八話「ウルトラセブン参上！」も、『帰ってきたウルトラマン』を象徴する話である。ただし、脚本の市川森一が「世界観そのものへの挑戦」を叩きつけた。

『ウルトラセブン』で宇宙ステーションV3のクラタ隊長を演じていた南廣が、マットステーションの梶《かじ》隊長役で登場する。梶は加藤隊長とは旧友である。梶は怪獣ベムスターに屠られる。加藤隊長は梶の敵討ちとばかりにベムスターと戦うが歯が立たない。MATの隊員も次々と斃《たお》れ、ウルトラマンのスペシウム光線さえもベムスターには効かない。

ウルトラマンが窮地に陥ったとき、ウルトラセブンが現れて、新たな武器ウルトラブレスレットを授けてくれた。ウルトラマンはウルトラブレスレットを使って、あっという間にベムスターに勝利した。以降、ウルトラブレスレットとスペシウム光線がウルトラマンの二大武器になる。

市川は子供の頃、継母にいじめられて育った。ウルトラマンがベムスターに負けて、エネルギーを貰おうと近づいていった太陽に、引力圏に引き込まれて死にそうになるのは、市川が継母に愛されなかった話の隠喩である。[注19]

第一八話でウルトラマンの新しい武器と、ウルトラセブンの客演が導入された。このときはまだ、ウルトラセブンとの関係を「ウルトラ兄弟」と称してはいない。単純に視聴率のテコ入れとしてウルトラセブンを出演させる考えだけであった。

前作まで主役だったウルトラマンが登場するのは、史上初である。その第一八話の視聴率は一六・〇％と意外と上がっていないが、徐々に盛り返していく。第二三話で二三・四％になってからは、最終回まで常に二〇％台をマークし安定していた。

『帰ってきたウルトラマン』は、人間ドラマを残しつつも、第一八話から正統派のSFになっていく。

ところで不幸なことに、この回の放送日に全日空機雫石《しずくいし》衝突事故が起き、放送が一週間後に延期になった。雫石衝突事故は第一八話の放送予定日だった、一九七一年七月三十日に起きた。全日空の旅客機と航空自衛隊の戦闘機が、岩手県の雫石町上空で衝突し、全日空機に乗っていた乗客・乗員合わせて一六二名が死亡した。当時の日本国内の航空事故で最多の犠牲者が出た事故であった。第一八話の放送がとんだときは、次週の放送時のオープニングで、郷秀樹が「先週は急にお休みしてごめんなさい。今夜はウルトラセブンも出ます。みんなで見てください」と謝った。

さらに、第二八話「ウルトラ特攻大作戦」でも郷と岸田が乗ったマットアローが、自衛隊機とニアミスする場面が描かれ、岸田が操縦する郷に「ぶつかったりでもしたら、MATの予算も削られるところだぞ」と自嘲する。

第二二話から根上淳が演じる伊吹隊長も登場した。加藤隊長が、第一八話で亡くなったMATステーションの梶隊長の後任になったので、交代したという裏設定があとからできた。

ちなみに、のちの『ウルトラマンメビウス』で、伊吹隊長はウルトラマンの危機を何度も救った、神業的パイロットの伝説として語られていく。

第二七話「この一発で地獄へ行け！」も人間ドラマ中心の話だ。

郷は偶然、引退試合を控えたキックボクサーの三郎と知り合う。三郎は郷にウルトラキックを教えてほしいと頼み込む。郷は三郎のジムを訪ねる約束をする。キックボクシングの王者沢村《さわむら》忠《ただし》がいるジムだ。ジムに行くと、郷は沢村忠に声を掛けられ、沢村とスパーリングすることになった。ウルトラキックの技を使わないまま負けた郷に、三郎はなぜ技を使わなかったのかと訝ると、郷は「相手の技に見とれて忘れてたよ」とキックボクシングの素人っぽく応えた。三郎は最後の試合に勝てば意中の人にプロポーズし、負ければ故郷に帰ると郷に打ち明ける。ところが、その女性はアキだ。アキが郷の恋人だと知った三郎は、試合に敗れる。郷が、教えた「ウルトラキックをなぜ使わなかったのか」と問うと、三郎は「相手の技に見とれて忘れた」と去って行った。

メロドラマのような展開を見せたかと思えば、完全に子供向けの話が、第二九話「次郎くん　怪獣に乗る」である。タイトルどおり、坂田次郎がただ、ヤドカリ怪獣ヤドカリンに乗っただけの話だ。それだけの話なのに、なぜかその後、そのまま映画化された。ちなみに、『帰マン』で映画化されたのは、他に第五・六話と第一三・一四の前後編である。両話は格闘スペクタクルで映画向けの作品だが、第二九話はそれもない。

タイトルといえば、『帰ってきたウルトラマン』のサブタイトルで、ひときわ目立つ言葉がある。「東京」である。

「東京」がサブタイトルに入っているのは、全五一話中、四話ある。そして、その四話全てが、上原正三による脚本だ。第五話「二大怪獣　東京を襲撃」、第一三話「津波怪獣の恐怖　東京大ピンチ！」、第一四話「二大怪獣の恐怖　東京大龍巻」、第一七話「怪鳥テロチルス　東京大空爆」である。

上原正三は切通理作のインタビューに対し、「なんで沖縄でのみ地上戦が行われたかといえば、沖縄が日本じゃないからですよ」と答えている。[注20]

『帰ってきたウルトラマン』は、人間のドラマと現実の日本を描き続けた。

「十一月の傑作選」――だって、うち、パン屋だもん

第三一話から第三五話までは「十一月の傑作選」と言われる名作揃いである。第三五話の一話だけは十二月三日の放送ではあったが。

第三二話と第三五話は、特撮の傑作だ。

第三二話「落日の決闘」のタイトルが示すように、夕日の中でウルトラマンが毒蛾のような怪獣キングマイマイと戦う。夕日の演出が実に巧みである。『帰ってきたウルトラマン』では夕日が印象的だとよく指摘される。ときには、朝日を撮って夕日として使ったりもしたようだ。特殊技術は、第三三話とともに大木淳。『ウルトラセブン』第八話「狙われた街」でのメトロン星人の戦いとともに、本話は印象深い。

第三五話「残酷！光怪獣プリズ魔」の脚本を書いた朱川審《あけかわしん》は、坂田健を演じる岸田森のペンネームである。夜の特撮でプリズム怪獣プリズ魔がキラキラと光る幻想的なシーンが続く。特殊技術は第三四話とともに、佐川和夫。円谷英二の直弟子であり、後に東映でも戦隊シリーズを手掛け、大御所となる。

脚本の傑作、第三二話、第三三話をここで語り、第三四話は「おわりに」で触れることにする。

第三一話「悪魔と天使の間に…」は、『帰ってきたウルトラマン』で宇宙人が初めて登場する回である。脚本は市川森一、監督は真船禎《まふねただし》、特殊技術は高野宏一。

伊吹隊長の一人娘美奈子が、MATのファンだと称する輝男《てるお》少年を連れて、MAT基地にやって来た。輝男は美奈子が通う教会で知り合った、唖者《あしゃ》の少年だ。

しかし、輝男少年の正体はゼラン星人で、郷にテレパシーで語りかける。郷を抹殺し、地球を乗っ取るために、怪獣プルーマを連れてやってきたと。

郷が輝男は宇宙人なのだといくら言っても、伊吹隊長には信じられない。輝男を殺そうとした郷に、基地を出るなと命令する。

ゼラン星人は子供の姿で、しかも障害者としてやってきた。障害者の子供を殺すとは何事だと、叱責する。

郷秀樹の予言どおりに怪獣プルーマが現れ、暴れ回る。郷はウルトラマンに変身し戦うも、スペシウム光線が効かず、ウルトラブレスレットでプルーマを倒した。

しかし、これが罠だった。プルーマはウルトラブレスレットで殺されるためだけの囮の怪獣だったのだ。勝利して油断したウルトラマンの隙を突き、ゼラン星人がウルトラブレスレットを操る。ウルトラブレスレットがブーメランになって、ウルトラマンを襲ってきた。

伊吹は「ウルトラマンがピンチに陥ったら、あの少年を捕まえてください」と郷がくり返し言っていた言葉を思い出していた。

そして伊吹は、輝男がウルトラブレスレットを操っているところに乗り込み、射殺する。輝男は撃たれた喉を押さえながら血にまみれ、悶え苦しみながら絶命する。伊吹隊長が抱き起こして見たのは、紛れもない醜い宇宙人の顔だった。

ウルトラブレスレットはウルトラマンを守るはずの武器だ。それを逆手にとって、ウルトラマンを殺す武器にする。市川はヒーローを追い詰める。母親の代わりとして授けられた武器によって、ウルトラマンは殺されそうになった。

伊吹隊長と郷が教会から出てくる美奈子を迎えようとしている。郷が「僕なら、あの少年は遠い外国に行ったと言いますね。お嬢さんを傷つけないためにも」と言うと、伊吹は気遣いに感謝しながらも「やはり事実を話すつもりだ。人間の子は人間の子さ。天使を夢見させてはいかんよ」と笑顔の美奈子を迎えるラストシーンだ。

第三三話「怪獣使いと少年」は、ウルトラシリーズを通しての最高傑作と推す人もいるが、問題作でもある。脚本は上原正三。東條昭平監督のウルトラシリーズでの監督デビュー作である。

北海道江差《えさし》から上京してきた少年佐久間良《りょう》は、親もなく家もなく、草が生い茂る河原の工場跡地のような廃屋に住んでいる。枠だけが残る窓や壁からは雨が吹き込む。良は廃屋で飯盒炊爨《はんごうすいさん》する生活だ。舞台は川崎の工業地帯のはずれである。

良が宇宙人だと噂が立つ。中学生たちが良を執拗にいじめる。良が炊いた飯盒のご飯を地面にぶちまけて下駄で踏む、良を首まで地中に埋めて頭から泥水を掛ける、挙げ句のはてに、自転車で轢《ひ》こうとする、といった光景がこれでもかと描かれる。

良が自転車で轢かれる直前に、郷が止めに入った。

良は病気の怪しげな老人と一緒に住んでいる。宇宙人だと決めつけられた良は、街の人たちからも差別を受け、商店街では何も売ってくれなくなる。唯一、パン屋のお姉さんがパンを売ってくれた。同情なんか要らないと言う良に、お姉さんは「だって、うち、パン屋だもん」と代金と引き替えにパンを袋に入れてくれた。

宇宙人をなぜMATが庇うのだと住民が文句を言い出し、自警団ができ、警察官まで一緒になって、良を殺そうと押しかけてくる。

良の叫び声に老人が「宇宙人は私だ。良君はただ私を守っていてくれただけだ。宇宙人じゃない」と飛び出してくる。老人はメイツ星人だった。

混乱のなか、老人は射殺されてしまう。郷は助けられない。

メイツ星人は怪獣ムルチを念力で閉じ込めていた。ムルチに襲われた良を助け、地球に留まるうちに、地球の汚れた空気に蝕まれ、長くはない命だった。良はそんな老人を匿《かくま》っていただけだ。

老人が息絶えると、封印が解けた怪獣ムルチが暴れ出した。怪獣の出現に、街の人たちは「早く怪獣を退治してくれよ」と叫びながら逃げ出していく。

その声を背に、暴れるムルチを目の前に、郷は「勝手なことを言うな。怪獣をおびき出したのはあんたたちだ。まるで金山《かなやま》さんの怒りが乗り移ったようだ」と呟く。

怪獣との戦いを拒否する郷秀樹の前に、なぜか托鉢僧姿の伊吹隊長が現れ「郷、街が大変なことになっているんだぞ」と促し、怪獣の咆哮に「郷、わからんのか」と叱咤する。

郷はイヤイヤ変身して戦い、ムルチを倒す。暴風雨の中、ウルトラマンとムルチが、かなりの長い距離を戦いながら横に移動していくのを、カメラが追う。その間、悲壮感漂うMATのBGMが流れる。

怪獣ムルチは倒したが、金山さんと呼ばれたメイツ星人の小父《おじ》さんは死んでしまった。良は、小父さんはメイツ星に帰ったのだと自分に言い聞かせ、自分がメイツ星に行ったときには迎えて欲しいと願いながら、メイツ星人が地中に埋めた宇宙船を探そうと地面を掘り続ける。

良のそんな姿に、MAT隊員たちの「一体、いつまで掘り続けるつもりだろう」「宇宙船を見つけるまではやめないだろうな」「彼は地球にサヨナラが言いたいんだ」と言う声だけが聞こえる。

何の救いも無い話である。

この第三三話は、いかなるアンチ第二期の人にとってもインパクトがあったのは確かだ。

なお、「金山さん」は作中で何の前触れもなく突然、郷のセリフで登場する。「川崎で金山さん」と言えば、誰でも在日朝鮮人差別を連想する。事実、脚本の上原正三は沖縄差別を朝鮮人差別に仮託した。[注21]

なお、「十一月の傑作選」とは、ウルトラシリーズ第二期を認めない人たちの「これだけは例外的に認めてやろう」という、差別的な表現である。

現在は、「なぜ、そこだけが傑作なのだ。他にも傑作があるではないか」との評価がなされている。

侵略者に恋人と恩人を轢き逃げされる

十一月を境に宇宙人が登場するようになった。年末に放送された第三七話「ウルトラマン 夕陽に死す」、第三八話「ウルトラの星 光る時」の前後編に、これまでにない強敵のナックル星人が現れる。

ナックル星人は手強い用心棒怪獣ブラックキングを引き連れてやってきて、まずは徹底的に帰ってきたウルトラマンの研究を行った。ウルトラマンが苦戦した怪獣ベムスターやシーゴラスをもう一度使い、ウルトラマンの能力を余すところなく測定し、研究する。

ここまでならば、かつて『ウルトラセブン』でガッツ星人が怪獣アロンを使って、ウルトラセブンを研究したのと同じである。最終的に負けたとは言え、ガッツ星人はウルトラセブンと正々堂々と戦った。

しかし、ナックル星人は違った。坂田兄妹を轢き逃げする。坂田アキをいきなり車に押し込んで拉致し、止めようと車の前に立ちはだかった坂田健を情け容赦なくはね飛ばす。さらに、走る車のドアから、アキを半分押し出して地面に引きずり、最後は放り捨てる。

郷の心は怒り狂う。これがナックル星人の狙いで、術中にはまった。

ナックル星人はウルトラマンが苦手な夕日の時刻を選び、ブラックキングを投入する。ブラックキングにはスペシウム光線もウルトラブレスレットも効かない。

巨大化したナックル星人はブラックキングと二対一で、ウルトラマンをリンチにかける。エネルギーがなくなったウルトラマンは捕らえられ、ナックル星に連れて行かれ、逆さ磔《はりつけ》にされてしまった。ナックル星人はガッツ星人がやったように、捕らえたウルトラマンを地球人に見せびらかしたりはしない。

ここでも、MATの弱さが露呈してしまう。ナックル星人の地球での基地を見つけたまではよかったが、丘隊員以外、伊吹隊長を含め全員がナックル星人の催眠術にかかってしまう。

初代ウルトラマンとウルトラセブンが登場し「ウルトラの星作戦」を使って、帰ってきたウルトラマンを蘇生させる。

郷が基地に戻ると、ナックル星人に操られたMAT隊員たちが郷を捕らえて銃殺刑にしようとする。郷は、一人だけ催眠術を逃れた丘隊員と協力し、なんとか皆の洗脳を解いた。そして、郷は、再び変身してブラックキングとナックル星人を新しい技で倒す。

なお、兄と姉を殺された坂田次郎が天涯孤独の身となるが、アパートの隣の若い女性ルミ子さん（演・岩崎和子）が面倒を見てくれるという話になる。そんな展開に、当時、視聴していた子供たちは、そんな話はないと受け止めていた。

このころのウルトラシリーズの大前提は、コンビニエンスストアがないことだ。今では全国に約六万店舗（二〇一九年）あるコンビニも、一九八三年ころでも約六〇〇〇店舗しかなかった。ファミリーマートの実験店が一九七三年九月、セブンイレブンの一号店が一九七四年五月の開設だ。電気炊飯器や自動洗濯機こそ普及し始めたが、佐久間良のようなホームレスは野宿で飯盒炊飯だし、次郎少年もスーパーで食材を買うしかない。

『帰ってきたウルトラマン』が放送された一九七一年前後は、家庭では妻が夫に敬語を使い、妻が家でご飯を作り家族で食べるのは当たり前で、〝外食〟はご馳走の代名詞だった時代であった。そんな時代の文化の産物である、昭和のウルトラシリーズには、コンビニが当たり前に身近にあると成立しない話が多い。

次郎が隣のお姉さんの世話になるというのも、まさにそんな話のひとつである。ただし、そんなお人好しの女子大生の存在こそ、ファンタジーではあったが。

まるで死にに行くみたいだな……

『帰ってきたウルトラマン』の後半、四〇話代はウルトラマンと宇宙人の対決がほとんどである。

中には、小山内美江子《おさないみえこ》脚本の第四八話「地球頂きます！」のようなコメディも作られた。労働意欲をなくす病原菌を撒き散らし、地球人が怠け者になればなるほど巨大化していく怪獣ヤメタランスが送り込まれ、地球を踏みつぶしそうになるが、ウルトラマンに宇宙へ投げ返される。

小山内美江子はのちにテレビドラマシリーズ『三年B組金八先生』で一躍有名になる脚本家だ。ウルトラシリーズでの脚本は『ウルトラQ』の再放送時に初めて放送された「あけてくれ！」と、この「地球頂きます！」の二本のみである。

第四九話「宇宙戦士　その名はMAT」は、MAT隊員たちがミステラー星の奴隷兵士にされそうになる話だ。

ミステラー星とアテリア星は三十年以上にわたって戦い続けている。まさに三十年戦争である。ミステラー星から、もう戦うのはイヤだと、娘と共に地球に逃げて来たミステラー人兵士がいた。脱走兵である。

ミステラー星人の隊長が地球人を兵士にすべく拉致しにやってきて、脱走兵を見つける。ミステラー星人の隊長はMATの隊員たちを操り、娘を人質にとって、脱走兵にウルトラマンをおびき出させようとするが、結局、ウルトラマンとMATに倒される。ミステラー人の兵士は地球に娘とともに亡命し、静かに暮らせることになった。

ちなみに、ミステラー星とアテリア星は二〇〇六年から放送が始まった『ウルトラマンメビウス』でもまだ戦争をしていて、七十年戦争を戦っている。

そして、最終回の第五一話「ウルトラ5つの誓い」に至っても、MATの弱さが目立つ。

バット星人が怪獣ゼットンを連れてやってくる。バット星人は次郎と次郎の姉代わりになっているルミ子をさらっていき、ウルトラマンをおびき出そうとする。

囮のゼットンとMATが戦っているあいだに、MAT基地が破壊された。

郷は不時着させたマットアロー2号を修理し、辛うじて残っていた十分ぶんの燃料で、バット星人とゼットンに立ち向かっていこうとする。

ほかの五人の隊員一人ずつと握手をして出発した郷は、岸田隊員の目には「あいつ、まるで死にに行くみたいだな」と映る。まるで特攻隊員の別れだ。

一方、MATは次郎とルミ子をスタジアムに救出に向かうが、戦いの最中にマットシュートのエネルギーも切れ、最後はナイフで戦う。

郷はマットアロー2号でゼットンに体当たりした。そしてウルトラマンに変身して、苦戦しながらもバット星人とゼットンを倒した。

MATの隊員は郷が死んだと思い、十字架に郷のヘルメットをかぶせ、別れの儀式を行う。郷秀樹はMAT隊員として死んだと記録される。

その頃、郷の死を悲しむ次郎とルミ子の前に、郷秀樹が現れた。そして、戦いに巻き込まれそうになっている故郷《ふるさと》に戻って、手助けをすると告げる。

郷は二人の前でウルトラマンに変身して飛び去る。次郎が追いかけて、走りながら空に向かって涙ながらに、「ウルトラ五つの誓い」を叫ぶ。

「ウルトラ五つの誓い」とは、「一つ、腹ぺこのまま学校に行かぬこと、一つ、天気のいい日に布団を干すこと、一つ、道を歩くときには車に気をつけること、一つ、他人の力を頼りにしないこと、一つ、土の上を裸足で走り回って遊ぶこと」である。

この中の「他人の力を頼りにしないこと」に、市川森一は批判的だった。要するに、テレビのチャンネル権を握っている母親に媚びる話を作って、視聴率を稼ぐのが素晴らしいのか、と。

現在では、『帰ってきたウルトラマン』は、ドラマ性に優れた傑作と評価されている。しかし、ウルトラシリーズ第一期のファンから見れば、その人間ドラマこそが批判の対象であり、作品の世界観が分裂した駄作だと映ったのだ。また、制作者たちの軋轢が見え隠れする。

第一期シリーズのようなウルトラマン、特にウルトラセブンに熱狂したファンにとって、『帰ってきたウルトラマン』はイラつく作品なのである。
では、そのイラツキの正体は何なのか。

佐藤内閣の防衛意識

昭和四十年代、戦争の記憶は薄れ始めていた。日本国憲法が定着し、「新憲法」と呼ばれなくなるのも、この時代だ。

一九六四（昭和三十九）年、東京オリンピックが終わった直後に佐藤栄作内閣が発足した。結果的にこの政権は、七年八か月の最長不倒政権となった。[注22] しかし、世界を見渡せば、ベトナム戦争があり、公害問題もあり、西側陣営の価値観が揺らいでいる。

佐藤内閣になってから、自衛隊の不祥事が異様に増えている。

佐藤内閣が始まって間もなく、三矢《みつや》事件が起こった。三矢事件とは、防衛庁が第二次朝鮮戦争勃発を想定し、それが日本に波及した場合、どのような措置を取るのかをシミュレーションした研究が、社会党の衆議院議員によって暴露された事件である。

そして、佐藤内閣が防衛費を減らしにいく時代でもあった。

佐藤内閣は前任の池田勇人内閣の高度経済成長を継承発展させたが、安全保障政策は破壊した。[注23]発足以来、自衛隊は軍隊に戻ろうとしていた。どこに戻るのか。もちろん、帝国陸海軍である。その意識は、池田内閣の時代に頂点に達した。それを佐藤が破壊した。

池田内閣の頃の防衛意識が反映されている作品が、『ウルトラセブン』なのである。『ウルトラセブン』は、地球人が自分の星を自分で守る物語である。

ところが、『帰ってきたウルトラマン』では、地球人の大半——政府と世論——がウルトラマンに頼りきりの中で、陸上自衛隊を彷彿させる現場は物理的限界を超えた苦闘を強いられ、罪なき民間人が虐げられる。

MATが物理的に弱いうえに、組織も弱まっていて、弱々しさが前面に出てしまっている。さらに、主人公の郷秀樹も神のような超越した力を感じさせない。ドラマを描けば描くほど、その人間らしさが強調され、ウルトラマンの圧倒的な存在感は薄れる。そして、必殺技のスペシウム光線は絶対ではなくなり、ウルトラブレスレットという武器に頼るようになる。

もし『帰ってきたウルトラマン』が一年早く、一九七〇年に制作されていたなら、こうはならなかった可能性がある。一九七一年は高度経済成長に陰りが見えてきた年だ。

一九七一年八月十五日に、ニクソンショックが起こる。突如、ドルと金の交換停止が公表された。しかし、その一カ月前の七月十六日、ニクソン大統領の中国訪問が発表されたのも、世界にとってはショックであった。アメリカが七月に中国に媚び、八月に経済の面でドルショックが起きた。

今となっては、日本が自主防衛の意思を放棄したので、ニクソン大統領が中国と手を組んだとわかっている。佐藤栄作はニクソンに核武装を仄《ほの》めかしながら、「非核三原則」で答えた。ベトナム戦争で苦しむアメリカをあざ笑った格好だ。

佐藤政権は「永遠に日本は敗戦国のままでいる」「二度と自分の力で自分の国を守る国にはならない」と宣言した政権なのだ。[注24]

そうした事情を当時は知り得ないが、『帰ってきたウルトラマン』は時代の空気をなんとなく反映している。

ところで、MATを自衛隊、弱いウルトラマンをベトナム戦争で苦しむアメリカに見立てられよう。部分的に見れば。しかし、ウルトラマン（郷秀樹）とMATは固い絆で結ばれていた。現実の日米関係のように、騙し騙される関係ではない。また、アメリカは国益のために日本と同盟を結び従属させているだけだが、ウルトラマンは自分の利益のために戦っているのではない。

では、ウルトラマンは何のために戦ってくれたのか。ウルトラマンが地球人に一切の見返りを求めないことに謎を解く鍵があるはずだ。現実の国際社会には、「自分の命を差し出して他人の国のために戦ってくれる国」など存在しない。
その意味で、ウルトラマンは徹底して「非ウェストファリア的存在」なのである。
作品がいかに現実の人間社会を描き、そこにウルトラマンを放り込んで人間的な試練を与えても、ウルトラマンは神話の世界の存在なのである。

【注1】平均八・三%、最高一一・八%、最低五・五%。「特撮視聴率補完 By@Wiki」(https://w.atwiki.jp/shichouseiko/)より。

【注2】『ウルトラセブン』の第一二話「遊星より愛を込めて」も欠番である。スペル星人は自分の星が被爆し、全身がケロイド状になった。放送当時は全く問題がなかったが、何年かして出されたブロマイドに、「被爆星人」のキャプションが付けられたのが問題となり、番組も欠番となっている。一方、「狂鬼人間」は放映二十六年後に問題視された。詳細は不明。

【注3】詳細は、円谷英明『ウルトラマンが泣いている 円谷プロの失敗』(講談社現代新書、二〇一三年)。著者は一の次男で第六代円谷プロ社長。同書は、同族経営の円谷プロが経営難に陥っていく過程を克明に描写しており、貴重な記録である。特に、一の苦悩は、鬼気迫る。ただし記録の性質上、そのすべてを事実と断定するには慎重であるべきであろう。

【注4】『全怪獣怪人大百科 五十九年度版』(勁文社、一九八三年)一三三頁は、「ムチャクチャだったが、脳がウニになるほど楽しかった」と評する。

【注5】『テレビマガジン特別編集　ウルトラマン大全集Ⅱ』（講談社、一九八七年）一三二頁。

【注6】作中では「ウルトラマン」とだけ呼ばれている。「ウルトラマンジャック」が正式名称になるのは、映画『ウルトラマンZOFFY　ウルトラの戦士VS大怪獣軍団』（松竹富士配給、一九八四年）においてである。同映画の宣伝の際に告知されていた。それまでは、作品名称は「帰りマン」、ウルトラマンの呼称は「新マン」が一般的であった。他に「ウルトラマン二世」「二代目ウルトラマン」などの呼称もあったが、定着しなかった。

【注7】次回作の『仮面ライダーV3』の主題歌は「正義と愛が世界を守る」と謳い、最終作の『仮面ライダーストロンガー』は「俺は正義の戦士」と名乗りをあげる。

【注8】監督は本多猪四郎。脚本は上原正三、特殊技術は高野宏一。『ゴジラ』の本多を迎え、本格的特撮を送り出そうとした円谷プロの意欲がうかがえる。実際、戦争体験をしている世代の本多による演出は、怪獣から逃げ惑う人々の描写などが卓越していた。なお本多は、最終回も上原の脚本で監督。

【注9】第一話で郷が死んだと告げられたとき、送り火として完成したばかりの「流星号」を燃やしてしまう。

【注10】実は、恋人役の榊原るみが出ていない回が意外と多く、第三七話で非業の最期を遂げるまで、全一九話しか出演していない。うち一回は回想シーンであった。しかし、『帰ってきたウルトラマン』を語るうえで不可欠の、第六話と第三七話でのアキの描き方は衝撃的で、作品の印象を過酷にする。なお、岸田森の登場は、計二二話。

【注11】『帰ってきたウルトラマン大百科』（勁文社、一九九一年）二二六〜二二七頁の区分。

【注12】オーディションで『帰ってきたウルトラマン』の主役を、団次郎と最後まで争った。円谷プロでウルトラマンがまた制作されると聞くや、すぐに自ら円谷プロに出かけ、円谷一に出演希望の旨を伝えている。『緊急指令10-4・10-10』では隊長役として、また『キカイダー01』では主役イチローとして出演した。

【注13】三軒茶屋で「ゼロワンチェーン」という、大判焼き・たこ焼きの店を出していた。

【注14】塚本が舞台の仕事を優先して降板を申し出たので、激怒した橋本プロデューサーが「絶対に塚本より格上の役者を連れてこい！」と厳命したとか。なお小林昭二の推薦で、塚本は『仮面ライダー（新）』『仮面ライダースーパー1』で「おやっさん」役を務めている。

【注15】根上淳は、のちの『ウルトラマンタロウ』で、ウルトラの母役を演じたペギー葉山と〝おしどり夫婦〟としても有名だった、ベテラン俳優である。

【注16】その代表が『ファンタスティックコレクション10 空想特撮映像のすばらしき世界 ウルトラマンPARTⅡ』（朝日ソノラマ、一九七八年）である。『帰マン』から「レオ」までの四作品を酷評している。こうした論調の主導者が、卓越した特撮評論家で円谷プロ所属の竹内博（酒井敏夫）だったので、第二期シリーズへの「通説」と化した。

【注17】前掲『帰ってきたウルトラマン大百科』七〇～七三頁。

【注18】ドラキュラスには逃げられ、レッドキラーは復活している。

その間、「ワンダバ」のコーラスで知られるBGM「MAT」が延々と流れる。防衛チームのテーマとなるBGMでは「ワンダバ」が使われ、次回作での「TAC」のBGMは「ツーダバ」とも言われる。冬木透は「レオ」でも音楽を担当したが、MACのテーマのワンダバは作中で使われることはなかった。『80』ではUGMのテーマで「ワンダバ」が使われ、作品の世界観統一に貢献している。

【注19】切通理作『怪獣使いと少年』（宝島社、一九九三年）二四五頁。

【注20】前掲『怪獣使いと少年』一八八頁。

【注21】前掲『怪獣使いと少年』一六八～一七〇頁。なお、川崎には沖縄人集落もあった。

【注22】この記録は、後に安倍晋三に抜かれるまで長らく最長不倒記録。どの分野でも「長期政権」が存在した。

野球では、昭和四十年から四十八年まで、読売巨人軍がＶ９。その間すべての年で王貞治がホームラン王。昭和四十年に小学一年生だった子供は、中学を卒業するまで巨人の日本一しか知らない。相撲では、大鵬《たいほう》と柏戸《かしわど》が「柏鵬《はくほう》時代」を築いていた。子供の好きなものは、「巨人、大鵬、卵焼き」の時代である。

ちなみに将棋でも大山康晴《おおやまやすはる》十五世名人が、一九五九年から七一年まで十三年連続名人、無敵の強さを発揮していた。

【注23】詳細は、倉山満『嘘だらけの池田勇人』（扶桑社新書、二〇二一年）を参照。池田内閣から佐藤内閣への防衛政策の変化は、樋口恒晴『「平和」という病』（ビジネス社、二〇一四年。原題は『「一国平和主義」の錯覚』ＰＨＰ研究所、一九九三年）。

【注24】倉山満『歴史問題は解決しない』（ＰＨＰ研究所、二〇一四年）を参照。改題して、『日本人だけが知らない「本当の世界史」』（ＰＨＰ文庫、二〇一六年）。結局、日本を敗戦国のままにさせているのは、どこの外国、侵略者でもなく、日本人自身なのである。

第四章

ウルトラマンエース

——史上最も成功した「失敗作」——

三つの企画書と四つの設定

最終的に『帰ってきたウルトラマン』の平均視聴率は、二二・七%。第二三話以降は一度も二〇%を切ることなく好調のうちに終わった。最終回は、最高視聴率二九・五%。当然TBSは次回作を期待し、金曜七時は「ウルトラシリーズの枠」となった。一九七二年一月に入り、次回作の企画が練られることとなる。[注1]

そして、三本の企画書が準備された。『ウルトラV《ブイ》』『ウルトラファイター』『ウルトラハンター』の三つである。『〜V』が田口成光、『〜ファイター』が上原正三、『〜ハンター』が市川森一の手による。[注2]三つの企画書には、それぞれ意欲的な試みが掲げられていた。

『ウルトラV』は〝超獣〟、『ウルトラファイター』はウルトラ兄弟、そして、『ウルトラハンター』は男女合体変身が特徴だった。そして『〜ファイター』と『〜ハンター』では、シリーズ初のレギュラーの敵も想定された。これら三つの企画書は統合され、『ウルトラエース』となった。[注3]なお、『ウルトラエース』は三月には宣伝を開始したが、既に商標登録されていたので、『ウルトラマンエース』となった。

こうして完成した『ウルトラマンエース』の特徴は四つ、ウルトラ兄弟、レギュラーの敵であるヤプール、超獣、男女合体変身である。その企画意図は、極めて意欲的であった。

第一、ウルトラ兄弟。

ウルトラマンエースは、ゾフィー、ウルトラマン、ウルトラセブン、新ウルトラマンの弟である。この設定は、第一話「輝け！ウルトラ五兄弟」で公式となった。

前作『帰ってきたウルトラマン』で、ウルトラセブンやウルトラマンが登場したときの評判が高かった。今までは雑誌でしか見られなかった「夢の競演」が、テレビの本放送で見られたのだから当然だろう。『仮面ライダー』でも、主役の藤岡弘がケガのために一三話で休演した後にライダー2号が登場し、藤岡弘のライダー1号が戻ってきても、しばらくは二人のライダーが出ていた。[注4] ダブルライダーの共演は、画面を豪華にする。ただし、禁断の果実ではあり、ウルトラシリーズもライダーシリーズもともに副作用に苦しむこととなるのだが……。

第二、ヤプール人。

『仮面ライダー』では、レギュラーの敵として、悪の秘密結社・ショッカーが存在した。一方、円谷プロ（というより市川森一）が考えたのは、まったく違った存在だった。ショッカーに代表される悪の秘密結社は、良くも悪くも漫画的である。「なぜ自分たちの存在を秘密にしようとするのか」「なぜ常に戦力の逐次投入しかしないのか」「なぜ過去の作戦の失敗を教訓としないのか」「そもそも、なぜ世界征服をしようとしているのか」「さらにそもそも、世界征服とは何なのか」などなど、「世界征服を企むが、実行する作戦は幼稚園のスクールバスジャック」など。[注5]「漫画的」であるとは、子供番組に特化した勧善懲悪のわかりやすい悪を体現した存在、である。

一方、『ウルトラマンエース』のレギュラーの敵は、極めて観念的な存在となった。ショッカーのようにわかりやすく目に見える敵ではなく、ヤプールを「悪」の概念とした。生身の人間ではなく、ヤプールは異次元空間に存在し、アニメで描かれた人間の形のようにも見える。それは、人間の悪の心そのものを実体化した存在で、非常に抽象的な敵だ。極めて難解だ。

そして、ヤプールはありとあらゆる手段を使って、地球への間接侵略を試みる。ヤプールにとって直接侵略は従であり、間接侵略が主だ。[注6]

第三、超獣。

ヤプールが次々に製造して地球に送り込んでくるのが、超獣である。「怪獣よりも強い存在」と設定された。これまでのウルトラシリーズでは、多くの怪獣は自然現象であり、動物だったが、『ウルトラマンエース』では兵器である。『ウルトラマン』の怪獣には一匹一匹に履歴書があり、『ウルトラセブン』でもギエロン星獣のように悲劇的な存在は視聴者に感銘を与えた。例外的に、ウルトラマンを倒したゼットンやウルトラセブンを苦しめたキングジョーのような「兵器としての怪獣」も存在したが、その強さはかえって人気となった。だが、兵器に意思はなく、超獣にはドラマがない。

たとえば、第五話「大蟻超獣対ウルトラ兄弟」に登場するアリブンタは、ひたすらO型の女性だけをつけ狙い暴れる恐怖の存在である。第一八話「鳩を返せ！」では、ヤプールは子供が飼っている鳩を盗み、超獣に仕立て上げ、戦わせる。「子供がかわいがっていたペットを殺せるのか」と人の心を試してくる悪魔がヤプールである。なぜアリや鳩がモチーフでなければならないのかという必然性は存在しても、超獣は視聴者が感情移入をする存在にはなりえない。

市川森一自身は切通理作のインタビューに、キリスト者とは「試される者」だと答えている。[注7]市川自身は、無教会派のキリスト教徒である。[注8]市川は、『ウルトラセブン』で「カナン星人」「ペテロ」といったキリスト教にちなんだ名前の敵を登場させた。「〜エース」でも「ゴルゴダ星」「バラバ」「サイモン星人」に重要な役回りを演じさせる。

ヤプール人の侵略とは超獣による直接侵略に留まらず、人の心への間接侵略であり、『聖書』における「試す者」に他ならない。

あまりにも斬新すぎた。

ちなみに、沼正三《ぬましょうぞう》の長編SFかつSM小説『家畜人ヤプー』がヤプールの語源なのは明らかだろう。

第四、男女合体変身。

『ウルトラマンエース』と同時期に、合体変身ものの番組『超人バロム・1《ワン》』が始まった。こちらは完全に子供番組で、小学生の男子二人が合体変身する設定であった。ちなみに、原作はさいとう・たかをの漫画で、一九七〇年から約一年間、雑誌連載されていた。合体変身の発想だけならこちらが先だが、市川の発想は根本的に異なる。

ヤプールが悪魔なら、ウルトラマンエースは神である。『旧約聖書』によれば、神は自分の姿に似せて人間の男アダムを作り、アダムのあばら骨を取り出して人間の女イブを作った。『旧約聖書』の「創世記」に「神はまた言われた、『われわれのかたちに、われわれにかたどって人を造り、これに海の魚と、空の鳥と、家畜と、地のすべての獣と、地のすべての這うものとを治めさせよう』」（第一章二六節）、「神は自分のかたちに人を創造された。すなわち、神のかたちに創造し、男と女とに創造された」（第一章二七節）とあり、また、「主なる神は人から取ったあばら骨でひとりの女を造り、人のところへ連れてこられた」（第二章二二節）とある。[注9]

男と女がもう一度合体することによって、完全な姿に戻れる。そしてその姿がウルトラマンエースであるとするのが、市川の考え方であった。『ウルトラエース』の企画書では、仏教の菩薩も「性の超越者」であるとも強調されている。[注10]ウルトラマンエースは、あらゆる宗教・思想において普遍的な存在として企図された。

しかし、そうした設定はあまりにも意欲的すぎたうえに、早すぎた。

女性を副主人公にした『宇宙戦艦ヤマト』が、一九七四年十月から翌年三月までの本放送時には低視聴率だったが、同年九月と翌年一月にはじまった再放送で大ヒットした。それと同じように、『ウルトラマンエース』も一九七二年ではなく、一九七五年の作品であったならば、どうなっていたかわからない。

とにもかくにも、市川をメインに、企画書を書いた上原正三と田口成光の三人が『ウルトラマンエース』のメインライターになった。だが、方向性が違う。

上原は前作『帰ってきたウルトラマン』でメインライターを務めた。「沖縄ナショナリスト」である。その発言を断片的にとらえれば、左翼に聞こえる。『帰ってきたウルトラマン』第三三話「怪獣使いと少年」など、日本人の一面の醜さを描いた傑作である。

田口は、橋本洋二プロデューサーの子飼いの若手脚本家である。橋本は六十年安保の経験から、「テーマがない者」を嫌っていた。[注11]いわば、保守である。また、プロデューサーとして視聴率を取れる子供番組作りを考えていた。『帰ってきたウルトラマン』最終回の「ウルトラ5つの誓い」も橋本の発案である。

ここに左右の対立が存在する。前作の『帰ってきたウルトラマン』では、そうした左右の対立を昇華して優れたドラマ作りを行ってきた。

一方、市川も左と言えば左だが、それ以上に書きたいテーマがあった。ファンタジーである。市川の言葉によれば、「人情のはいらないウルトラ世界」である。[注12] 前作『帰ってきたウルトラマン』でも市川は、第一八話「ウルトラセブン参上!」で「ウルトラマンが太陽に殺されかけた」のを嚆矢に、橋本の路線に楯突く脚本を書き続けた。

三つの個性が、橋本・田口対市川・上原に分裂しかねない危険性を孕《はら》んだまま、番組は始まった。

個性的すぎるＴＡＣの隊員たち

第一話「輝け!ウルトラ五兄弟」は、主人公の北斗星司《ほくとせいじ》と南夕子《みなみゆうこ》がＴＡＣ《タック》(超獣特別攻撃隊)に入隊し、ウルトラマンエースとして初めて超獣と戦うまでを描く。演じるのは、北斗が高峰圭二、夕子が星光子。

北斗星司はパン屋の運転手であり、南夕子は白衣の天使の看護師であった。二人が働く広島県福山市に超獣ベロクロンが現れ、暴れ回る。市川森一の脚本だ。市川は当初、ベロクロンに原爆ドームを破壊させた。が、さすがにそれは差し替えられ、設定自体を福山市に変更させられる。ベロクロンに襲われ、街が大混乱するなか、北斗と南が出会う。北斗は道ばたに乗り捨ててあったタンクローリーを駆ってベロクロンに突撃し、炎上する。ベロクロンの姿が消えたあとには、北斗と南が倒れていた。このとき北斗星司は死んでいたのが、第四八話の本人のセリフ「俺は一度、ベロクロンに殺された」で明らかになる。南夕子についてはよくわからない。

二人が倒れているところに、ゾフィー、ウルトラマン、ウルトラセブン、帰ってきたウルトラマンの四兄弟とともに、ウルトラマンエースが現れた。北斗と南のそれぞれの右手の中指に指輪を与え、「そのリングの光るとき、お前たちは私の与えた大いなる力を知るだろう」と告げる。

北斗と南は福山を離れ、TACに入隊する。TACとは、Terrible-monster Attacking Crewのアクロニムである。

MATは『帰ってきたウルトラマン』の最終回で壊滅している。代わりに地球防衛軍が戦闘隊でベロクロンと戦うが、壊滅状態に追い込まれた。新しい組織がTACである。ちなみに、TAC国際本部は南太平洋上にある。

TACは人数が多い。竜隊長を筆頭に、隊員が山中、今野、吉村、美川、そして研究員の梶を入れて六人いる。そこへ、主人公の北斗と南が入って八人である。セリフがないオペレーターまで入れると何人いるのか、数えられない。大がかりな軍事組織との印象を受ける。しかし、隊員の人数が多すぎて覚えられないと、子供には評判が悪い。それを理由に、最後は隊員が、北斗を入れて全員で六人になってしまう。

北斗星司と南夕子はTACに入隊する。隊員の中で、二人だけが首にスカーフを付けている。入隊時に二人は同じ七月七日が誕生日だとわかる。ちなみに、円谷英二も同じ日である。

北斗と南が、最終的にどんな関係なのか、周りもよくわからないどころか、本人たちにもよくわからないまま話は進む。第一四話「銀河に散った5つの星」の最後に、北斗と南が二人で夜空を見上げて、北斗が牽牛《けんぎゅう》と織女《しょくじょ》の話をすると、南が「私たちは一体、なんなのかしら」と呟く。北斗はそれには答えず、流れ星を見ていた。

北斗は常に一言多く、周囲と軋轢を繰り返す。そんな北斗を、ただ一人信じてくれる存在が夕子だ。

TACの竜五郎隊長を演じるのは、瑳川哲朗《さがわてつろう》。人格者を演じさせれば日本一。長く時代劇『大江戸捜査網』の井坂十蔵を演じたが、人格者と言えば大河ドラマ『花神《かしん》』の白石正一郎も印象深い。事あるごとに問題を起こす北斗を、竜は何度も謹慎させる。しかし、強烈な個性のTAC

を、人望と指導力でまとめあげる。独身で、ハニートラップを仕掛けられたこともあるが、軽く一蹴している（第二一話）。

副隊長格の山中一郎隊員（演・沖田駿一）は、二丁拳銃使いの射撃の名手である。「現実主義者で自分の目で見たものしか信じないうえ、頭に血が昇りやすい性格」である。[注13]超獣の攻撃を受けても後ろに引かず横に逃げる。ただし、短気なところもあるが、自分が悪いと思えば、すぐに謝りもする。第七話「怪獣対超獣対宇宙人」、第八話「太陽の命　エースの命」の前後編では、婚約者のマヤがメトロン星人に殺されたうえ、乗り移られてしまった。常に北斗を説教する急先鋒でもある。

今野勉隊員（演・山本正明）はロケット工学の権威である。その設定は、まったくいかされなかったが。むしろ、常におどけた振る舞いを見せるのが印象的。お寺の息子で「南無阿弥陀仏」が口癖。

市川森一脚本の第九話「超獣10万匹！奇襲計画」は、今野隊員が雑誌社のじゃじゃ馬カメラマンと巻き起こすコメディタッチの話である。ヤプールが壮大な作戦を立てていた。名付けて「超獣10万匹！奇襲計画」。超獣の写真を撮らせ、写真のネガに超獣を仕込み、焼き増しされた分だけ超獣が増え、一〇万部の雑誌に掲載されれば、一〇万匹の超獣ガマスが現れる仕組みだ。

TACの資料にすべく、今野隊員が超獣を写真に撮ろうとしていた。そこへ、北斗の友だちだと名乗って現れた鮫島純子が、ガマスの姿をカメラに収めた。ところが、純子がシャッターを押した瞬間に、ガマスは消えてしまった。今野は超獣の写真を撮れず、純子に焼き増しを頼むが応じてもらえない。純子は、北斗の名前を出してウソをついたことを咎められると、「超獣が出るっていうことを、なんでTACだけの秘密にしておく必要があるの。報道の自由を束縛したくせに」と開き直る。

グラビアに載せる前の写真から出てきた超獣ガマスはウルトラマンエースに倒された。純子のネガは雑誌に掲載されず、TACに渡され、処分された。

最後は、今野隊員が純子とデートするのを、皆がモニター越しに見て、山中隊員はからかいに行こうとし、吉村隊員は驚く。竜隊長は目が覚めるまでそっとしておいてやれと冷静だ。北斗星司は「恋は盲目、女は魔物」と言った瞬間に、南に思い切りつねられる。

吉村公三隊員（演・佐野光洋）は宇宙生物学の権威で、「生き字引」といわれている。「山中隊員とは対照的におとなしい」と評される。[注14]「宇宙生物学の権威」で、ムルチの名前を一発で言い当て（第七話）、バッドバアロンの性質を見抜く（第三三話）。

オペレーターも務める美川のり子隊員（演・西恵子）。護身用にブローチに爆弾を仕込んでいる。第三話では超獣に投げつけていた。

美川隊員の主役回になった第四話「3億年超獣出現！」は、後年まで強烈な印象を残す。脚本は市川森一。

休みの日の美川隊員が、同窓会に出かけていく。同窓会を自宅の屋敷でやるからと、美川を呼び出したのは、漫画家として成功している久里虫太郎《くりむしたろう》注15なる人物だ。美川隊員もよせばいいのに、ミニのワンピースで出かけていく。しかし待てども、他の同窓生は誰も来ない。飲み物に入れられていた睡眠薬が効いて、美川は気を失う。その隙に、後ろ手に縛られ、両足も縛られ、監禁されてしまう。その縛り方たるや、とても子供番組の縛り方ではない。ふと部屋の中を見回すと、女性の白骨が座ったままになっている。

久里は中学生のとき、美川にラブレターを渡して開けてももらえなかったのが、モテないコンプレックスとなり恨みが重なって、邪悪な心の持ち主となってしまっていた。ヤプールはそこにつけ込み、久里にテレパシーを送る。久里が描く漫画のとおりに、超獣ガランが暴れまわる。

美川隊員は第二二話「復讐鬼ヤプール」でも坂井という青年に化けた宇宙仮面につけ狙われてしまった。

ところで、気付いただろうか。久里や坂井、そして純子は、「性を超越できない者」である。

子供番組なので、これでも婉曲的に演出をしているが、描いているのは現実の人間なのだ。

梶洋一研究員（演・中山克己）はTACの兵器開発研究員である。「竜隊長以上に冷静」「天才科学者」と評される。注16 梶研究員に関して、インターネット言論では「毎回役に立たない物ばかりを作っている」などとの評価を見つけるが、一次資料である本編を見ていないのだろう。

〝梶の二大発明〟については、後述する。

分裂含みの脚本

『ウルトラマンエース』の基本的なストーリーは、ヤプールが超常現象を起こし、北斗が遭遇するところから始まる。北斗はTACの誰にも信じてもらえないが、南夕子だけが信じてくれる。竜隊長が取りなすために、北斗を謹慎させる。他の隊員が捜査をすると、北斗が言っていた事は真実だとわかり、北斗の謹慎が解け出動。エースに変身し、超獣を倒して、めでたしめでたし、といったところが大筋の流れだ。

そのあいだに、TACが出動すると戦闘機は撃墜され、すぐに脱出となる。ゆえに、〝脱出TAC〟と呼ばれる。また、すぐに謹慎が申し渡されるところから〝謹慎TAC〟などとも言われる。〝脱出〟〝謹慎〟はTACの代名詞となった。

第二話「大超獣を越えてゆけ！」は上原正三が、その流れをなぞる。北斗が撃墜したはずの物体がまた現れ、旅客機が衝突する。北斗はＴＡＣの隊員から、歓迎会だからと早く帰って来たくて、適当にやり過ごしたのだろう、などと非難される。北斗が「信じてくれ。俺は確かにやったんだ」と言っても信じてもらえない。超獣カメレキングの出現で出動命令が出たときに、北斗だけは謹慎を言いつけられる。

第三話「燃えろ！超獣地獄」で、北斗が空が割れたのだと報告するが、誰も信じようがない。本当は超獣バキシムの仕業なのだが。

その頃、都会に住む孫がたった一人で、おじいさんとおばあさんの所にやってきた。住人が出て行き、他に誰もいない、さびれたその場所で、祖父母と一緒に暮らそうと言うのだ。しかし、その正体はヤプールの超獣バキシムだった。少年は「子供の心が純真だと思うのは人間だけだ」と言いながら、おじいさんとおばあさんを何のためらいもなく殺してしまう。

この回は田口成光の脚本であるが、市川の路線に合わせようとして、随分歩み寄ったのが伺える描き方だ。

なんとか統一性を保とうとの苦心が垣間見られるが、最初の三話で既に脚本が分裂する危険性を孕んでいる。回を重ねるごとに益々分裂していくが、誰も統一できない。『ウルトラマン』や

『ウルトラセブン』では、担当する脚本家に好きに書かせながらも、メインライターの金城哲夫が統一感を保っていたのが、『ウルトラマンエース』では、まとめる人が誰もいなくなってしまった。

第四話は、美川隊員が襲われる市川脚本、第五話はゾフィー登場となる上原脚本。

第六話「変身超獣の謎を追え！」では、宇宙飛行士小山（演・小林昭二）が乗る宇宙船が地球への帰還寸前にヤプールに攻撃され、小山隊員にブロッケンが乗り移った。帰宅した父親が宇宙人だと幼い息子が気づく。田口脚本による、正統派の子供番組の作り方である。

第七話「怪獣対超獣対宇宙人」、第八話「太陽の命 エースの命」の前後編は、市川・上原の共作で、地球が大きな危機にさらされる。巨大惑星ゴランが地球に向かってくる。このままでは一週間後に地球に衝突し、地球は木っ端微塵になる。

TACは迎撃ミサイル・マリア1号を打ち上げ、ゴラン星を粉砕しようとする。ところが、マリア1号の発射寸前にメトロン星人が現れ、マリア1号を破壊する。さらに、メトロン星人は山中の恋人マヤを殺して、マヤになりすまし、TACの基地を破壊し、マリア一号の設計図を焼いてしまった。

マリア1号を壊し、2号の建造を邪魔しようとするメトロン星人は、ヤプールとは異質の敵だ。いみじくも、竜隊長が「ヤプールの目的は地球の侵略だが、メトロン星人の目的は地球を破壊することにあるようだ。どちらも、我々の敵であることに違いはないが」と指摘した。某国と某国の違いに酷似している。

このとき、梶の有能ぶりが遺憾なく披露される。マリア2号を作るのは不可能かと、みんなが顔面蒼白になるなか、竜隊長が梶に設計図の行方を尋ねた。すると、梶は「焼けました。しかし、もう一枚は無事ですよ」と、事も無げに答え、「残ってますよ、この中にね」と自分の頭をチョンチョンと叩いた。

そして、梶は本当に記憶だけで迎撃ミサイル・マリア2号を作ってしまい、地球の運命を救う。〝梶の二大発明〟の一つである。

第一〇話「決戦！エース対郷秀樹」は田口脚本。MATの記録では死んだとされている郷秀樹が、次郎とルミ子の前に現れる。しかし、ヤプールの手先アンチラ星人が郷秀樹に化けていたのだ。ヤプールは徹底的に人の心を痛めつける。

第一一話「超獣は10人の女？」は、上原脚本。北斗星司が事件の背景を探ろうとして、反対に超獣が化けた女子大生たちに捕まる。南夕子は北斗の帰りを寝ずに待っていた。操られた北斗星司は女子大生たちと一緒になってチャラチャラとサイクリングしている。山中隊員が真っ先に怒り、今野や吉村は呆れるが、南夕子だけが信じてくれる。北斗の目が何かを訴えていたと。市川脚本のように思えるが、上原脚本だ。

第一二話「サボテン地獄の赤い花」は、北斗星司を演じる高峰圭二と所属事務所が同じという理由で、近藤正臣と桜木健一が出演している。二人とも『柔道一直線』のときのような雰囲気で、近藤は独特の科学者を、桜木は刑事を演じている。これも上原脚本。

最初の一五話は、市川、上原、田口のメインライターが五話ずつ分担した形で書いている。市川が第一、四、七、九、一四話を、上原が第二、五、八、一一、一二話を、そして田口が第三、六、一〇、一三、一五話だ。

ここまで見てきたように、子供番組と思って作らないのが子供番組の作り方だと考える市川・上原路線と、子供番組は子供番組として作ろうとする橋本・田口路線が対立している。だが、ここまでは何とか歩み寄りが見られた。

否定されていく初期設定

この対立が決定的になった極めつけが、第一三話「死刑!ウルトラ5兄弟」、第一四話「銀河に散った5つの星」の前後編である。前編は田口、後編は市川の脚本だ。

空にウルトラサインが出た。ウルトラサインとは、ウルトラ兄弟が使う、宇宙の遠いところからでも兄弟に呼び出しをかけることができるサインだ。しかし、北斗と南が見たのは、ヤプールが作った偽サインだった。

絶対零度の死の星であるゴルゴダ星に、ウルトラサインを見たウルトラ五兄弟が集結する。そこには、五兄弟の名がそれぞれに付けられた十字架が立っていた。四人の兄たちが十字架に次々とかけられてしまう。四兄弟はエネルギーを結集してエースに託す。エースはゴルゴダ星を脱出し、超獣バラバに襲われている地球に戻った。

地球ではTACの上部組織である防衛軍の高倉長官がTAC基地を訪れ、超光速ミサイル№7を急ぎ建造し、ゴルゴダ星を爆破せよと命じる。裏宇宙にあるゴルゴダ星に超光速有人二段ミサイルで行き、一段は切り離し、もう一段でミサイルだけをぶつけ、切り離した一段で自分だけが帰還するとの無謀な計画だ。梶は即座に「欠陥品だ」と見破るが、聞き届けられない。北斗はゴルゴダ星に捕まっているウルトラ四兄弟を救出すべきではないかと長官に食い下がるが、長官は地球の危機を救うことが先決だと斥ける。ミサイルが完成すると、高倉長官は超光速ミサイル№7のパイロットに「北斗星司隊員を任命する」と言い渡した。

案の定、北斗が一人でミサイルを運ぶと、故障が生じてロケットが切り離せない。すると、高倉は予定変更は不可能、そのままゴルゴダ星に突入せよ、と北斗に命令するが、横から竜がミサイルの方向転換をはかり、直ちに地球へ帰還せよ、と割り込む。それでもまだ北斗に突入せよと命じる高倉長官を竜隊長が殴り飛ばし、隊員たちも「帰ってくれ」とすごむ。最も激しく抗議したのが、日ごろはおとなしい夕子だ。

地上ではバラバが暴れだしたので、南隊員以外は全員出動する。

誰もいない司令室から、南隊員が北斗に呼びかける。北斗から南は見えない。南が「星司さん、私は見てるわ」と二人が呼び合うと、互いのリングが光った。南の「星司さん、手を出して。早く出して、星司さん」と言う声に促され、モニター越しのウルトラタッチでエースに変身する。物理法則は全て無視だが、「史上最も美しいウルトラタッチ」とも言われる。

ゴルゴダ星に着いたエースを待っていたのは、エースを殺すためだけに開発されたロボット、エースキラーだった。ウルトラマンエースは四兄弟の力を借りたスペースQでエースキラーを倒し、そのまま地球に戻ってバラバをも倒した。

この前編で田口脚本は、ウルトラマンにエースの頬を平手打ちさせる。ウルトラマンが「兄たちのエネルギーを持ってお前だけ地球に戻れ」「地球を守るためにゴルゴダ星から地球に戻るのだ」と命令しても、エースは聞かない。エネルギーを貰えば兄たちが死ぬ。だから、地球に戻るのはイヤだと駄々をこねる。そして平手打ち。極めて人間的な光景だ。

市川森一の企画意図の全否定する象徴的なシーンだ。さらにこの回で田口脚本は、ヤプールに「恐れ入ったか、ざまあみろ」と、極めて人間的なセリフを吐かせている。「観念的な悪」としてのヤプールにはありえないセリフだ。

この回の市川の思い入れは相当だ。舞台であるゴルゴダ星は、イエス・キリストが磔になったゴルゴダの丘。超獣バラバは、『新約聖書』に出てくるユダヤ人の強盗バラバと同じ名だ。バラバは死刑宣告を受けながら、イエスが処刑になる代わりに釈放された。

市川は第一四話で降りてしまう。上原はどちらかといえば中間的で、ときには市川の脚本かと思うようなストーリーで市川路線に乗りもした。その上原も前半の七話分を担当しただけで、最後は第二二話で降りてしまった。

対立していたのは脚本家たちだけではなく、キャストの間にも対立があった。[注17]『ウルトラマンエース』の視聴率は、『帰ってきたウルトラマン』後半の高い視聴率の影響もあり、第一話が二八・八%と高視聴率をマークした。しかし、第二話で二二・六%に落ちた後は長く一〇%台で推移し、なかなか二〇%台を取り戻せなかった。視聴率奪還が厳命となり、現場の空気は最悪だったそうだ。

第二三話「逆転！ゾフィ只今参上」ではヤプール人も否定される。

ヤプールが奇怪な老人の姿に化けて、世界中に現れる。「こんな世の中があってもいいのだろうか。この末世にわしは汝《なんじ》らに警告する」、末世にはエルサレムにイエス・キリストが現れ、インドに釈迦が生まれ、日本には親鸞聖人がいたと説き、末世が近づいているとふれ歩く。そして、「お前は神を信じなさい、ほれ信じなさい。お前はオレを信じなさい。ほれ、信じなさい。お前はお前を信じなさい、ほれ信じなさい」[注18]と歌いながら、子供たちと踊り狂って歩いていく。そうやって、世界中から子供たちが消えていった。英語、フランス語、スペイン語で同じ歌が歌われる。

北斗は老人が子供たちと歌って踊り、そして子供たちが消えるのを目撃する。しかし、例によって、北斗は白昼夢を見たかのような扱いをされ、夕子にしか信じてもらえない。竜隊長ですら、自分の甥っ子が同じ歌を歌いながらいなくなって、はじめて信じてくれたのだ。

老人が子供たちに「海は青いか」と訊くと、「青い」と答える子供たち。老人が「違う。海は真っ黄色だ。見よ、海は青くない、真っ黄色だ」と言ってみせると、子供たちは「そうだ。海は青くない真っ黄色だ」と口をそろえてオウム返しに言う。

これはヤプールの侵略計画の集大成である。子供たちを奪い取り、子供たちさえいなくなれ

ば、人類の未来を奪ったことになるのだから。子供を奪うという手段で、人類の未来を奪う作戦である。[注19]

さらわれた子供たちを救いに行こうにも、異次元空間にたどり着く手段がない。打つ手なし。そんな時、梶研究員が突飛な発想を繰り出す。「メビウスの原理の応用です」と言いながら、人間の身体は、紙の「メビウスの輪」のようには単純ではないから、あくまで応用で、それに伴うリスクは「死」であると断りをいれる。しかし、それしか方法がないなら、それをやるしかない。結果、梶は何とか開発し、実験は成功。北斗を人間の力で異次元に送りこむのに成功した。この異次元移動装置こそが、梶の二大発明のうちのもう一つである。

そして、夕子もゾフィーに連れられ、北斗を追う。二人は変身。そして、異次元空間でのヤプールとの決戦に、エースは勝った。ヤプールは死に際に「ヤプール死すとも、超獣死なず。怨念となって、必ずや復讐せん」の言葉を残す。[注20]ヤプールの怨霊も、翌話で滅びる。

第二三話でもって、レギュラーの敵ヤプールの設定が否定された。同時に、超獣の存在理由が不明となった。ヤプールが兵器として作ったのが超獣だったからだ。そのヤプールがいなくなれば、怪獣と超獣の違いがなくなってしまう。

兵器の性能は向上しても、弱さを印象付ける

実は、TACは決して弱くない。最強の防衛チームは『ウルトラセブン』のウルトラ警備隊だろう。それが『帰ってきたウルトラマン』のMATでは劣化した。大きく二つ。一つは装備の劣化、特に大型戦闘機の欠如。もう一つは、防衛思想の貧弱による間接侵略への脆弱さである。では、TACはどうか。

TACの主力戦闘機は、タックアロー。一人乗りの小型戦闘機で小回りが利く。さらに二人乗りのタックスペースは、水中から発進し宇宙でも活動可能である。そして大型戦闘機のタックファルコンは、アローを三機搭載可能である。ウルトラ警備隊のウルトラホークよりも性能は高い。だが、戦績は惨憺たる結果だ。全五二話中、総出撃回数一三九回。何の被弾することもなく生還できたのは、六六回。無事生還率四七%。不時着できたのも、わずか六回。ほぼ毎回、撃墜されている。[注21]

MATは上層部と世論の圧力にさらされ続けた。TACも同じだが、隊長の竜は巧みな手腕でかわし続けるので、一度も解散の危機に瀕したことはない。だが、ウルトラ警備隊のように、地球防衛のための「軍・政府・国民の三位一体」は望むべくもない。クラウゼヴィッツは三位一体

の他に多くの軍事箴言を残しており、「戦争とは、相手にわが意志を強要するために行う力の行使である」とも喝破した。[注22]

物理的暴力と間接侵略に苦しめられるTACの苦闘を描いた傑作が、第二六話「全滅！ウルトラ5兄弟」、第二七話「奇跡！ウルトラの父」の前後編である。

ある日、「宇宙で一番強い生き物」を自称するヒッポリト星人が現れ、ウルトラマンエースの引き渡しを要求。「渡さなければこうなる」と、街に風地獄を起こす。

同時刻、タクシーの運転手がヒッポリト星人に殺されてしまう。息子の誕生日に買ったウルトラマンエースの人形の首をヒッポリト星人がもいでしまった。首のないエースの人形を息子に渡してほしいと北斗と南に託し、タクシー運転手は息絶えた。

竜隊長と北斗が新しいウルトラマンエースの人形を手に、ヒロシ少年の家を訪ねると、少年は「TACなんてダメだよ。あんなエースを早く星人に渡しちまえばいいんだ。そうすれば星人もおとなしくなるのに」と喰ってかかる。すでに父子家庭だった少年は、姉と二人きりになってしまった。

基地に戻ると、早くエースを星人に渡せと言う市民からの電話が鳴り止まない。山中隊員までが「隊長、いっそのことエースを星人に渡してしまったらどうなんでしょうか」と弱音を漏らす。これに、竜は「バカモン。君たちはそれでもＴＡＣの隊員か。星人の作戦にうかうかと乗ってしまうほどバカなのか。エースを渡したら、次はどうなる。星人は地球を乗っ取るにきまっている。君たちにそれがわからないのか。我々は戦う。エースも戦うんだ」と一喝した。

北斗と南は悪い予感を感じながらもエースに変身、街で暴れる星人は偽物で、本体は山奥に隠れていると見抜き、戦いを挑む。しかし、ヒッポリト星人は圧倒的に強く、ウルトラマンエースはブロンズ像にされてしまう。助けに来た四兄弟はセブンだけが健闘したが、全員が瞬く間にブロンズ像にされ全滅してしまった。

ウルトラ五兄弟をブロンズ像にしたうえで、ヒッポリト人が降伏を迫ると、住民運動が起きて、ＴＡＣに「降伏しろ」と言い出す。

四年前に放送された『ウルトラセブン』では、ガッツ星人にウルトラセブンが捕えられ磔にされたとき、キリヤマ隊長以下ウルトラ警備隊は「朝まで時間があるぞ」と、かえって活気づいたのとは真逆の展開だ。

後編の第二七話の冒頭で岸田森のこの世の終わりのようなナレーションが流れる。「星人の出現に北斗、南は命を賭けて戦った。そして、ウルトラマンエースが登場した。谷間に飛んだエースはそこで星人の秘密を発見したのだが、悪賢い星人のために、捕らえられてしまった。さらに、エースを助けようとしたウルトラ四兄弟も同じ目に遭ってしまったのだ。ウルトラ五兄弟は死んだ」と。この後編は完全に竜が主役で、北斗と南はほとんど登場しない。

星人は、地球人を絶望させようと、ウルトラ五兄弟のブロンズ像をさらした。これに前編では弱音を吐いていた山中隊員が「我々も戦うんだ！」と息巻きはじめる。吉村隊員が不安げに「でも、勝てるかどうか」と漏らすと、山中は「勝つんだ‼」と、いきなり精神論を言い出す。竜は一旦基地に帰って作戦を考えようと、引き上げた。

基地へ戻る途中の道で、待ち受けていた住民たちがＴＡＣの車を止めて、「星人を攻撃するのはやめろ」「俺たちの街を焼かれるのはもうイヤだ」「地球を渡すことと、我々が奴隷になることは別のことだ」「ウルトラ五兄弟までやられた相手に勝てるはずがないじゃないか」などと口々にわめきちらす。パニックを起こした反戦デモだ。

これに竜が、説得を始める。これはＴＡＣの戦いなのではなく、人間と宇宙人の戦いであり、人間が負ければ宇宙人の支配を受け、地球を渡してしまえば、いつか心まで渡してしまう事態になるのだと。

竜隊長が再び、ヒロシ少年の家を訪ねたときも、ヒロシは「エースもやられちゃったんだ。ＴＡＣが星人と戦ったからいけないんだぜ。星人の言うことを初めから聞いていれば、父ちゃんもエースも死ななくてすんだんだよ」と八つ当たりする。それに対して竜隊長はヒロシの言い分を「言うことはよくわかる」と受け入れたうえで、地球はみんなのものであり、それを何の理由もなく我が物にしようとしている星人が許せないのだというのを「ヒロシ君、誰かが君の大切にしている物を黙って持って行こうとしたら、君は怒るだろ」と子供にわかるように喩え、そんな宇宙人に「私たちは怒らなきゃいけない」と、蕩々と言って聞かせた。

『ウルトラマン』でメフィラス星人は地球人の子供を選び「地球をあげます」と言わせようとして拒否されたが、隔世の感がある。

竜はヒッポリト星人に負けた原因は、オトリ相手に戦っていたからだと気づいた。今度は隊員全員が囮相手に派手に戦いを仕掛けているあいだに、そうとは気づかれないように自分一人でヒッポリト星人本体に特攻をかける作戦だ。作戦どおり戦い、かすり傷はつけたが、惜しくもヒッポリト星人に見破られてしまう。余裕綽々《よゆうしゃくしゃく》のヒッポリト星人は、「私の秘密を知った素晴らしい能力を褒め称えよう。だが、諸君らには私を困らせるほどの力はないようだな。我々ヒッポリト星人の偉大なる力を見せてやろう」と火炎を吹き付ける。

ウルトラの父が現れた。ウルトラの父はヒッポリト星人を圧倒するも、三〇〇万光年離れたM78星雲からやってきた長旅でエネルギーを消耗し、すぐに返り討ちに遭う。

ウルトラの父は自らの命をエースに与えた。

エースは生き返り、ヒッポリト星人を倒す。そしてエースは、四兄弟にもエネルギーを与え生き返らせた。

生き返った兄弟の目の前にはウルトラの父の亡骸《なきがら》が横たわっている。兄弟皆で、ウルトラの父を宇宙の彼方へと運んでいく。

『ウルトラセブン』が池田勇人内閣、『帰ってきたウルトラマン』が佐藤栄作内閣の防衛意識を反映した作品なら、『ウルトラマンエース』は田中角栄内閣のそれであろうか。池田内閣ほど防衛努力はしないが、佐藤内閣ほど自衛隊へのあたりは強くない。だが、一度でも失われた戦う心は取り戻せない。だから、武器が強くなっても、軍隊が強くなることはない。

北斗星司は最終回で、「家や街は、また立て直すこともできます。しかし、あの少年たちの気持ちは、一度踏みにじったら簡単には元には戻りません」と訴えた。

これは、国防の根幹でもある。

女に逃げられたヒーロー

それは何の前触れもなく行われた。視聴者にも衝撃だったが、南夕子役の星光子が最も困惑した。

第二八話「さようなら夕子よ、月の妹よ」の台本を見たとき、星光子は「夕子さんは月に帰っていき、星司さんが一人でエースに変身すると書いてあった」と驚く一方で、来週、ゾフィが助けてくれるのかなと真面目に考えていたら「(続く)29話の台本にはわたしの名前がない。そこで初めて降ろされたんだと気付きました」[注23]。

なぜ、第二八話で星光子が降板なのか。謎が多い。

その後、星光子は第三八話、第五二話、次回作の『ウルトラマンタロウ』にもゲスト出演している。また、降板後にも、円谷プロ制作『緊急指令10－4・10－10』にゲスト出演している(第一九話)。

星と北斗役の高峰圭司の共演は、平成の『ウルトラマンメビウス』まで待たねばならない。『～エース』の南夕子ゲスト回で、星と高峰は同じ画面にいるが、合成である。なお、この第二八話で、突如として南夕子が地球人ではないと明かされる。何の前振りも、伏線もなく。

番組冒頭、いつものようにウサギに似た超獣が現れる。南夕子はあれが私の故郷の月を滅ぼした超獣ルナチクスだと説明しはじめる。地球を月のようにしてはいけないと、北斗を促し、エースに変身し、ルナチクスを倒す。

満月の空のもと、南夕子は自分が月星人であると告げ、なぜ地球にやってきたかを北斗に語る。「北斗隊員、これからはあなた一人でウルトラマンエースになるのよ」と自分の指輪をはずし、北斗の指にはめ、去って行く。北斗は一人で変身する。

TACの皆の前で、月星人の姿になった夕子が仲間だった隊員一人一人の名を呼び、「さようなら」と天に昇っていく。北斗一人が変身したウルトラマンエースに見送られて。最初と最後の場面には、ドビュッシーの『月の光』が流れていた。

こうして「男女合体変身」の設定も消え、残ったのはウルトラ兄弟の設定だけになる。しかし、ウルトラ兄弟は『ウルトラマンエース』に特有ではないので、『ウルトラマンエース』ならではの特徴が何も残らなくなった。

第二九話以降の『ウルトラマンエース』は、わかりやすい子供番組を作ろうとした。脚本に『仮面ライダー』のシナリオライター長坂秀佳や石森史郎を連れてくる。

隊員の数が当初の八名から六名となる。夕子とともに梶研究員も降板となった。第二七話で自ら志願して隊員として出動したのを最後に降板のはずが、第三一話でゲスト出演するというデタラメな作りであった。これでは視聴者には意味が分からない。

代わりに、「ウルトラの星が見える」「ウルトラ6番目の弟」を自称する梅津ダン少年と姉の香代子が登場する。

当時の子供にとっては隊員が減ったのに加えて、北斗一人で変身するのもわかりやすかった。設定されていた、男女合体変身そのもののウケがよくなかったようだ。実際に子供たちが〝ウルトラマンごっこ〟をして遊ぶとき、男の子と女の子が二人一組で変身するのが実際にはやりにくかったのだろう。子供にとってわかりやすくなった分、視聴率が回復していく。第二九話を含めて連続七回二〇%台を取った。その後はまた下がるのだが。

第二九話から見た人にとっては違和感のない作品内容も、第一話から続けて見ていたファンにとっては怒り狂う内容である。

しかも、第二九話で出した、梅津ダン少年も第四三話を最後に降板させられる。本物の六番目の兄弟であるウルトラマンタロウの企画が進み、ダン少年の存在が必要なくなったからである。姉の香代子ともども、それ以降は出演しない。

ウルトラ兄弟の設定だけは辛うじて残っていた。第三一話「セブンからエースの手に」ではウルトラセブンが、第三五話「ゾフィからの贈りもの」ではゾフィーが登場する。兄弟のみならず、ウルトラの父も第三八話「復活！ウルトラの父」で、タイトルどおり復活して出る。さらに、南夕子まで突如として現れる話だ。それも、月から一旦帰って来ましたといったレベルの説明しかなされず登場する。第三九話「セブンの命！エースの命！」、第四四話「節分怪談！光る豆」にもウルトラセブンが登場する。

ウルトラ兄弟の客演は平均して一カ月一回の割合で行われるようになる。ウルトラ兄弟が出てこないと間がもたなくなるのである。

『ウルトラマンエース』は、最大のライバルと位置づけた『仮面ライダー』に視聴率で完全に負けてしまっている。『ウルトラマンエース』と『仮面ライダー』が同時期に放送されていた期間の四五回分の平均視聴率を比較すると、『ウルトラマンエース』が一八・九％なのに対して、『仮面ライダー』は二二・一％であった。

やさしさを失わないでくれ……その気持ちが何百回裏切られようとも

見るも無残な路線変更だった。

子供番組に戻って視聴率は上がった。そして、『仮面ライダー』のように勧善懲悪のわかりやすい内容にした。しかし、それもやめてしまい、試行錯誤しているうちに迷走してしまう。コンテンツとしてはそれなりに良いのだが、途方もなく取り散らかった作品になってしまった。

その取り散らかりを収拾し、ケリをつけるために呼ばれたのが、市川森一だった。市川は既に大人向けの脚本に移行しており、すぐに日本テレビの『傷だらけの天使』（一九七四年）やＮＨＫ大河ドラマ『黄金の日々』（一九七八年）の成功で日本を代表する脚本家となる。その市川が子供番組への卒業《けじめ》として、第四八話「ベロクロンの復讐」と、最終話になる第五二話「明日のエースは君だ！」を書いた。

第四八話は、第一話でウルトラマンエースを苦しめたベロクロンが再登場する。

北斗は虫歯が痛むので歯科医院に行く。その名も「Ｑ歯科医院」。北斗は女医に化けたヤプールに、虫歯の治療を装って幻覚発生装置を歯に埋め込まれる。Ｑ歯科医院を出たところで、ベロクロンが出現したと思った北斗は、空に向かって銃を乱射し始めた。

ヤプールの罠だった。次に、ベロクロンが本当に出現したとき、北斗は自分にこれは幻覚だと言い聞かせてしまう。敗れたはずのヤプールが最終的に怨念だけの存在となり、恨みをはらすためだけに、北斗を破滅させようと、ベロクロンを送り込んできたのだった。

ヤプールの手口は直接侵略ではない。北斗とその周りの人間関係や信頼を壊して、北斗自身を破滅させるのが狙いだ。

北斗が最後にヤプールの生き残りの女に「勝ち負けはとっくについている」と迫ると、女ヤプールはあっさりそれを認める。それでも「これだけは覚えておくがいい。勝った者は常に負けた者たちの恨みと怨念を背負って生き続けているのだ。それが戦って生き残っていく者のさだめだ」と呪うように叫ぶ女を、北斗は射殺する。

こういうシリアスな脚本を、特撮パートがコメディチックな戦いにしてしまう……。最終回の第五二話「明日のエースは君だ！」は、かつては「大駄作」の烙印を押されていた。

ある日突然、円盤が円盤を追いかけ、攻撃を受けた円盤が不時着する。中には、サイモン星人の子供が乗っていた。サイモン星人とは、かつてヤプールの侵略を受けて追放された遊牧星人である。

そのサイモン星人の子供を、ウルトラマンのお面を付けた子供たちが、宇宙人だからとの理由だけで、いじめている。通りがかった北斗星司は、ウルトラ兄弟は「弱い者いじめはしない、弱い者の味方だ」と叱る。子供たちは北斗の言葉を素直に聞いた。

一方、ヤプールが「地球人には用はなく、サイモン星人を追って来ただけだ」と、全く信じられないことを言い出した。さらには、「サイモン星人を引き渡せ」と。さもなくば、最強超獣ジャンボキングを送り込み、街を半分壊すと脅す。ジャンボキングはこれまでエースにやられた超獣たちを集めて再生した超獣だ。ＴＡＣは何の役にも立たない。ヤプールは、明日までにサイモン星人を引き渡さなければ、街の残りの半分を壊すと脅し高笑いする。

子供たちが、自分たちの秘密基地にサイモン星人を匿おうと連れて行き、北斗も一緒についていく。次の日、最後の決戦だと、子供たちも手製のヘルメットをかぶり手に手に竹槍などを持ち、「みんなでサイモンを守るんだ」と意気が上がる。北斗は「その気持ちがあれば、君たちは立派にウルトラの兄弟だ」と勇気づける。だが、出現したジャンボキングの圧倒的な戦力の前では逃げ惑うだけだ。

北斗がサイモンを連れて逃げると、「私の声に聞き覚えはないか」と北斗に呼びかける声がする。ヤプールだ。ジャンボキングを操っているのは、サイモン星人に化けたヤプールだったのだ。テレパシーで北斗に語りかけ、挑発する。

このまま、目の前のヤプールを殺さなければ、街は滅びてしまう。だが、子供たちにサイモンを守ってやれと言ったのに、殺せば子供たちを裏切ることになる。そのうえ、自分の正体を明かしてしまえば地球にいられなくなる。

それでも、北斗は子供たちの目の前でサイモン星人を殺し、自分の正体を明かして変身し、ジャンボキングを倒す。

エースは飛び去る前に、言い残す。

「やさしさを失わないでくれ。弱い者をいたわり、互いに助け合い、どこの国の人たちとも友だちになろうとする気持ちを失わないでくれ。たとえその気持ちが何百回裏切られようと。それが私の最後の願いだ」と。

エースの言葉を聞いて、子供たちが「エース、さようなら」と手を振りながら見送って、終わる。

なぜ、きのう出会ったばかりの見ず知らずの子供たちのために、ウルトラマンが正体を明かし地球を去らねばならないのか。エースの最後の言葉は、何を意味不明な綺麗ごとを、などと言われ続けた。それは熱心な「エース」ファンにとってもそうだった。南夕子に惹かれた「エース」ファンほど、第二九話以降の路線変更は許しがたい。熱心なファンだけの同人誌の最終回への評価でも、「北斗がこんなことで正体をバラす必要があったのか」との意見が多数で、再評価を試みる少数意見は物悲しく訴えかけられていた……[注24]。

二十年以上、大駄作としか思われていなかった「明日のエースは君だ！」を、大傑作に引き上げたのは切通理作である[注25]。切通理作が市川森一にもインタビューし、作品論作家論に真正面から切り込み、その卓越した論評により作品の価値を見出した[注26]。

冒頭、ウルトラマンのお面を付けた子供たちにサイモン星人がいじめられるのを、切通は「僕の現実だ」と受け取った。毎週ウルトラマンを見ている自分が、ウルトラマン好きのいじめっ子にいじめられている日常をいきなり突き付けられたのだと。本当にいじめられている子供にはわかるのだと受け止める。虐げられている人間の気持ちは、踏みつけている人間には絶対にわからないのだ。市川が現実を突き付けてきた。

いじめている側は無邪気で、素直な子供なのだ。だから、TACの北斗の言うことは聞く。そうした子供の善意をヤプールが利用した。侵略者がウルトラマンにだけテレパシーで語りかけてくる手法は、市川脚本の『帰ってきたウルトラマン』の第三一話「悪魔と天使の間に…」でも用いられた。『帰って来たウルトラマン』では、唖者の少年に化けたゼラン星人が、テレパシーで郷秀樹に自分の正体から何から事実を告げ、郷を追い詰めた。幸い、郷は勝利した。だが、市川はヤプールをゼラン星人のように甘い敵にはせず、ウルトラマンを追い詰める。

ヤプールとは、個人の精神の抹殺を目的とした生命体である。否、生命かどうかもわからない、観念的な存在なのである。肉体や、政治目的、戦争目的などなど、全てが仮の存在であり、たまたまそこにあるだけの姿なのである。ヤプールは相手の心を負かそうとし、試そうとするものであるがゆえに、悪魔なのである。では、その徹底した悪魔にどう対抗すればよいのか。

昨日会った子供のために、あなたは自分の命を捨てられるか。これが十字架に掛けられる前夜のイエス・キリストの覚悟なのだ。イエスは全人類のために、自分の肉体を捨てたからキリスト

（救世主）なのだ。

最後の戦いの前夜、北斗が空を見上げると、南夕子が天空に現れて、「星司さん、もしあなたがウルトラマンエースだということを誰かに知られたら、あなたは二度と人間の姿に戻れないのよ」とだけ告げる。北斗が「知っている。しかし、どうして今、俺にそれを言うんだ」と問いかけようとすると、夕子は消えた。

まるで「山上の垂訓」である。十字架にかけられる前夜に、イエスの前に神が現れたのと同じだ。いついかなる時も自分を絶対に信じてくれた夕子は、北斗にとって女神であった。

サイモン星人に化けたヤプールの問いかけに北斗は悩む。引き金を引くだけでヤプールを殺せるが、それがヤプールの狙いだ。その時も再び北斗の脳裏に夕子が現れ、前夜と同じ警告を告げる。だが、北斗は意を決してサイモンを殺し、子供たちの前でエースに変身して見せる。

市川は北斗星司に、「正義と真実を貫きたければ命を捨てよ」と求めた。[注27] だから北斗は最後の変身の際、「さようなら地球よ、さようならTACの仲間たち、さようなら北斗星司」とつぶやく。ウルトラマンエースは神だから生き残るけれども、北斗星司は人間だから死ぬ。地球人、人間としての北斗星司は死ぬ、との宣言なのだ。

イエスの肉体は滅びる。しかし、キリストは死んでも神である。観念の存在である悪魔を人間が斥けるには、肉体を捨てて正義を貫くしかない。そして肉体を捨てる際、悪魔の肉体を抹殺できる「大いなる力」を持っていなければならない。

ヤプールが残した最強超獣ジャンボキングとの決戦の際、ＴＡＣは見ているだけだった。北斗には仲間がいない。どこまでも孤独だ。

そしてジャンボキングを、必殺技のメタリウム光線とスペースギロチンで倒した。その後に、「私の最後の願いだ」とするセリフは単なる綺麗事ではない。

「やさしさを失わないでくれ。弱い者をいたわり」とは、か弱いサイモン星人を救おうとした気持ちであり、「互いに助け合い」守ろうとした。

そして、「どこの国の人たちとも友だちになろうとする」と続き、あえて「国」と言う。「星」ではなく、「国」だから、我々が生きている現実社会の話なのである。

さらに「たとえその気持ちが何百回裏切られようと」という表現は、現実の人間社会が裏切りの連続であると示している。

『新約聖書』マタイ伝には、ペテロがイエスのもとにきて「主よ、兄弟がわたしに対して罪を犯した場合、幾たびゆるさねばなりませんか。七たびまでですか」と問う場面がある（第一八章二一節）。するとイエスは、「わたしは七たびまでとは言わない。七たびを七十倍するまでにしなさい。」と答えた（第一八章二二節）。

ただし、「人」は許すが「悪魔」は許さない。相手が悪魔だと判断できる神の力を持たねばならない。悪魔が裏切った場合に必ず殺すことができる絶対の力を自分が有することが前提である。ただし、真実を明かすためには、人である自分も死なねばならない。

ウルトラシリーズにおいて、「エース」の以前も以後も、最終回は地球人の「自主防衛」で終わる。だが、『ウルトラマンエース』だけは、自主防衛で終わらなかった。この時、市川森一は三〇歳。自らの子供番組との決別として、極めて苛烈な伝言を残した。

もし完成度を基準に『ウルトラマンエース』を評価すれば、間違いなく失敗作だろう。

だが、感動度においては成功作だろう。

人は誰もが神にはなれない。人間社会では、善意は何百回も裏切られる。

だからこそ、正義を貫くヒーローの神話が必要なのである。

人間である北斗星司の肉体は死んだ。ウルトラマンエースと同化し、エースの体内でのみ生きている。三十二年後の作品『ウルトラマンメビウス』で、北斗星司は再びヤプール人に苦しめられる地球人に語りかける。

やさしさを失わないでくれ。
弱い者をいたわり、互いに助け合い、
どこの国の人たちとも友だちになろうとする気持ちを失わないでくれ。
たとえその気持ちが何百回裏切られようと。
それが私の**変わらぬ**願いだ。

【注1】『ウルトラマンエース』の企画経緯は、『テレビマガジン特別編集　ウルトラマン大全集Ⅱ』（講談社、一九八七年）一三六～一三七頁が、最も簡潔にまとまっている。

【注2】『僕らのウルトラマンA《エース》　検証・第2次ウルトラブーム』（辰巳出版、二〇〇〇年）、一〇～一五頁。

【注3】その全文は、円谷プロ監修『ウルトラマンA《エース》超獣大事典』（宇宙船文庫、朝日ソノラマ、一九八六年）一一八～一三〇頁に掲載。

【注4】第四〇、四一、四九、五一、五二、七二、七三、九三、九四、九八話。

【注5】こうした疑問に真正面から答えてくれる良書として、地球の平和を守る正義市民協会編『TVヒーローに挑む悪の秘密結社の謎』（光栄、一九九三年）を挙げておく。

【注6】当時から、ソ連の間接侵略は安全保障関係者の主要な関心だった。ソ連を建国したウラジーミル・レーニンはあらゆる謀略を駆使してロシア革命を成就させたし、後継者のヨシフ・スターリンは亡国の危機を乗り越えるのみならず、各国への影響力工作（間接侵略の最も重要な手段）によって、大日本帝国をはじめとする多くの国を滅ぼした。
レーニン、スターリン、コミンテルンに関しては、三田村武夫『戦争と共産主義　昭和政治秘録』（民主制度普及会、一九五〇年、改題して『大東亜戦争とスターリンの謀略　戦争と共産主義』自由社、一九八七年）を推奨。間接侵略に関しては、西内雅『間接侵略』（立花書房、一九六五年）が当時の空気を伝える。

【注7】切通理作『怪獣使いと少年』（宝島社、一九九三年）二七八頁。

【注8】同右二五一頁で、市川は「カソリックでもプロテスタントでもない」と答えている。正教会にもバチカンにもプロテスタントのどの教会にも属していないという意味では、無教会派に属する。日本人の代表的な無教会派クリスチャンと言えば内村鑑三だが、内村は神と個人が向き合うことに重きを置いた。内

村の信仰については、内村鑑三『余は如何にして基督信徒となりし乎』（岩波文庫、一九五八年。初版は警醒社書店、一八九五年）。

【注9】引用はいずれも『聖書［口語訳］』（日本聖書協会、一九九五年）より。以下、同じ。

【注10】前掲『ウルトラマンA《エース》超獣大事典』（宇宙船文庫）一二〇頁。

【注11】前掲『テレビマガジン特別編集 ウルトラマン大全集Ⅱ』一七四〜一七九頁に、橋本・上原・市川の鼎談が所収されている。

【注12】同右、一七九頁。

【注13】『ウルトラマンA《エース》大百科』（勁文社、一九九一年）六〇頁の表現。

【注14】同右。

【注15】演じた清水紘治は、のちに東映戦隊シリーズの『超新星フラッシュマン』でも悪役に起用された。昭和ウルトラシリーズではこの一話のゲスト出演だけであったが、あまりにも強烈なインパクトを与えたために、『ウルトラマンメビウス』ではヤプール役に招聘《しょうへい》され、怪演する。ちなみに、久里虫太郎の名は、推理作家の小栗虫太郎《おぐりむしたろう》からきていると思われる。

【注16】前掲『ウルトラマンA《エース》大百科』六一頁の表現。

【注17】星光子ブログ、二〇〇九年三月十五日。

【注18】ハナ肇とクレイジーキャッツの『学生節』（作詞：西島大、作曲：山本直純）のメロディーと歌詞の一部を使っている。同曲は一九六三年に発売され、大ヒットした。

【注19】迂遠なようで、人々の価値観そのものを支配した者が、真の支配者である。この実践例として、倉山満「昭和12年の宮澤俊義」（『昭和12年研究』創刊号、二〇二一年。原論文は二〇一九年）を推奨する。

【注20】板垣退助遭難時のセリフ。

【注21】『さらば！怪獣VOW』（宝島社、一九九六年）六二～六五頁。

【注22】カレル・フォン・クラウゼヴィッツ著、日本クラウゼヴィッツ学会訳『戦争論 レクラム版』（芙蓉書房出版、二〇〇一年）二二頁。

【注23】『シネマトゥデイ』二〇一二年四月三十日。

【注24】『ウルトラマンA《エース》 全員脱出！3』（同人誌、一九八九年）一五六頁。

【注25】前掲『怪獣使いと少年』。以下基本的に、切通の解釈に従い、説明する。

【注26】駄作と思われていた作品が、評論により傑作の地位に高められる例はしばしばある。日本において最も有名な例は、毀誉褒貶《きよほうへん》が激しかった『源氏物語』に古典としての地位を確定させた本居宣長《もとおりのりなが》であろう。宣長は、偽作説もあった『古事記』の評価も確定させた。

【注27】プラトン『ソクラテスの弁明』も同じ論理である。

第五章

ウルトラマンタロウ

――本格派だが異色作――

売れる要素がすべて盛り込まれたヒーロー

一九七三年は、不吉な始まり方をした。一月二十七日、「怪獣博士」こと大伴昌司が持病の喘《ぜん》息《そく》を拗《こじ》らせ、三十六歳の若さで急死した。

二月九日、円谷プロ社長の一が長年の苦労が祟り、脳溢血《のういっけつ》で倒れ、帰らぬ人となった。四十一歳の若さだった。三代目社長は、弟の皐が継ぐ。

円谷プロは四月二十二日に、二子多摩川園で「怪獣供養」を行った。『ウルトラマンタロウ』『ファイヤーマン』『ジャンボーグエース』の着ぐるみや出演者が参加した。司会は『ファイヤーマン』で水島博士役の岸田森。厄払いの為だった。

その特撮作品の中の一本『ウルトラマンタロウ』は成功した作品となった。爽やかで強いヒーローが、明るく楽しく、勧善懲悪のわかりやすい物語を展開し、親子が安心して見られる話を送り出す。『ウルトラマンタロウ』は「売れる特撮の黄金パターン」を確立した。[注1]

主役の篠田三郎が恵まれた俳優人生を送ってきたことも、『タロウ』に成功した作品の印象を与える。『〜タロウ』放映終了から三年後の一九七七年には、NHK大河ドラマ『花神《かしん》』で事実上の主役を演じた。[注2]また、脇役にも、名古屋章・東野英心・津村鷹志・三ツ木清隆・三谷昇・あさかまゆみ・ペギー葉山と、知名度を重視したキャスティングが行われた。これは「メジャー感」をもたらす。もっとも、スケジューリングが難しく、「レギュラーなのに毎回出ない」「途中降板」といった事態が多発したが。

今でこそ特撮番組は若手俳優の登竜門の位置づけだが、少し前までは大人向けのドラマに出られなくなった人が出演する番組のように見られていた。『ウルトラセブン』でキリヤマ隊長を演じた中山昭二は人気の刑事ドラマに出演していた際、スタッフが『ウルトラマン』にアラシ隊員役で出演している石井伊吉（現・毒蝮三太夫）を「あんなまんがみたいのに出演して」と小馬鹿にしたので、中山が今度『ウルトラセブン』にレギュラー出演するのだと告げると、非常に気まずくなったとか[注3]。

篠田が演じた『ウルトラマンタロウ』の主人公・東光太郎《ひがしこうたろう》は子供と母親に人気がある爽やかな青年だったが、変身後のタロウもキャラクターとして成功したヒーローとなった。放映終了から十年後には、新作映画『ウルトラマン物語《ストーリー》』（松竹配給、一九八四年）も制作されている。また、特撮愛好家で知られる俳優の京本政樹が全面プロデュースで制作販売したフィギュアの「京本コレクション」でも、第二期シリーズで唯一、商品化されている。

『タロウ』は、「格」を定着させた作品でもある。『帰ってきたウルトラマン』は『仮面ライダー』とほぼ同時期に始まり、『仮面ライダー』に苦戦する。そして、『ウルトラマンエース』は『仮面ライダー』と放送期間がかぶり、視聴率で敗北し、二番手に落ちていった。『ウルトラマンエース』が終了する約一カ月半前に、『仮面ライダーV3』が始まった。その約一カ月後に『ウルトラマンタロウ』が始まる。『V3』は平均視聴率（関東）が一九・八%、『タロウ』は一七・〇%だった。[注4]単純な数字だけでは『V3』が『タロウ』を上回るが、その後は「ライダーシリーズ」の方が迷走する。[注5]

人は、「ウルトラ・ライダー」と呼ぶが、「ライダー・ウルトラ」と言う人はいない。このあたりは、「囲碁将棋」と呼ぶが、「将棋囲碁」と言う人はいないのと同じか。[注6]

とにもかくにも、ウルトラマンタロウは「ヒーローらしいヒーロー」の完成形である。

本格派のヒーローを送り出したいとの企画側の意図は、明らかに前年の『ウルトラマンエース』の反動だろう。前章で詳述した通り、『～エース』は子供番組としてはあまりにも実験的にすぎる作品だった。初期設定の否定と相次ぐ路線変更の末に、普通の子供番組として終了した。一方で『～タロウ』は、最初から子供番組らしい子供番組として企画された。企画段階で、『ウルトラマンスター』『ウルトラマンジャック』と番組名は二転三転して『～タロウ』に定着した。番組案として他に、『ウルトラマンガッツ』『～ファイター』『～ハンター』『～6』『～006』

『～Z』『～キング』が存在した。『ウルトラマンZ』は令和で実現、『キング』は次回作のレオで登場、「ジャック」は帰ってきたウルトラマンの本名として日の目を見た。一時は『ウルトラマンジャック』で決定したが、ハイジャック事件が相次いだので変更された。しかし、基本設定にほとんど変更はない[注7]。

第二期シリーズは視聴率で苦しみ何度か「番組強化案」と称して路線変更が行われるのが常だったが、『～タロウ』だけは一度もそれがなかった。

なお『ウルトラマンエース』と『ウルトラマンタロウ』それぞれの第一話に、瓜二つの場面がある。ウルトラ五兄弟が一堂に集まっている場面である。兄弟の並ぶ順番や構図の細部には違いがあるが、五兄弟の真ん中にエースがいるのは共通している。前作の『エース』では主人公の北斗と南にウルトラマンエースがウルトラリングを与えるシーンで、『タロウ』では主人公の東光太郎がウルトラマンタロウとして生まれ変わるシーンで、五兄弟が勢ぞろいしている。これでは、『エース』のリメイクである。

さらに、第一話に超獣オイルドリンカーが登場するが、宇宙大怪獣アストロモンスにあっけなく倒される。超獣とは、怪獣より強いから超獣であったのに、『ウルトラマンエース』を全否定するところから始まった。

ウルトラ兄弟、父、母――神話から民話へ

メインライターは田口成光。他に『帰マン』以来の石堂淑朗に、後半からは阿井文瓶《あいぶんぺい》が加わる。全五三話中、四二話がこの三人の手によるシナリオだ。TBSのプロデューサーは橋本洋二で、円谷からは熊谷健。熊谷は『～タロウ』と『～レオ』で民話の要素を導入していくこととなる。そもそも「タロウ」の名前からして、お伽話《とぎばなし》に多い主人公である。

また、『～エース』の中でも売れる要素の「ウルトラ兄弟」の設定は残した。また、二度登場した「ウルトラの父」の設定も残し、もはや開き直って、「ウルトラの母」を登場させ、「ウルトラファミリー」にまで広げた。ちなみにウルトラの母のデザインは、のちに『仮面ライダークウガ』のチーフプロデューサーとなる東映の高寺成紀《たかてらしげのり》が小学校五年生の時に、ウルトラの母の似顔絵コンテストに応募した絵が採用されたものである。[注8]

『～タロウ』は、番組のオープニングにも明るさが目立つ。それまでのウルトラシリーズのオープニングには影絵が使用されていたが、『ウルトラマンタロウ』では実写で特撮メカが前面に押し出される。主題歌も、『～Q』から『エース』までは、作詞が東京一（円谷一のペンネーム）で、作曲は宮内國郎《みやうちくにお》か冬木透《ふゆきとおる》だった。それを一新、作詞は阿久悠《あくゆう》・作曲は川口真《かわぐちまこと》のコンビで、明る

くポップにした。主題歌は「ウルトラの父がいる　ウルトラの母がいる」と始まる。「親子で安心してみてもらえる子供番組」との企画意図が伝わる。

こうして、迷うことなく徹底した子供番組として送り出された。

結果、マニアの反感を買った。それは当然で、従来のシリーズの「大人のドラマ」を完全に切り捨てるところから始まったのだから。『ファンタスティックコレクション』などは、「存在理由を見失った怪獣たちの無意味な出現、そして人間側の不必要なドタバタ――ここでは設定はほとんど無視され、物語は行き当たりばったりに進行する」「一部のウルトラファンの間で『僕にもタロウのシナリオは書ける』という冗談が流行ったほど、この時期の内容的な後退は著しかった。つまり、ほとんどの話が怪獣に家族を殺された子供の仇討ちという図式を使っているか、過去の作品の完全な焼き直しに終始していた」と、ほぼ罵倒である。[注9]

若いころの切通理作も、橋本路線に忠実な田口脚本を中心に、路線変更後の『エース』『タロウ』そして次回作の『レオ』を「精神主義」と評しており、それ以前のシリーズとの変質を指摘する。[注10]長らく作品の評価は、極めて低かった。[注11]

では、実際はどうか。

全五三話中、サブタイトルに家族を表す語が入っているのは全部で一五回あり、合計一六語が含まれている。一六語の内訳は、多い順に「母」が七回、「兄弟」が三回、以下「親」「子」「子連れ」「お父さん」「父子《おやこ》」「父」の語が、それぞれ一回ずつである。

ただ、「ウルトラの母は太陽のように」「その時　ウルトラの母は」「ウルトラの母はいつまでも」と、第一話から連続三回「母」が入っているのは、さすがにインパクトがある。さらに第四話と第五話の前後編も親子怪獣の話で、母怪獣が人間に殺される話である。

このように、サブタイトルに「母」の語が含まれていなくても、第一三話「怪獣の虫歯が痛い！」には、ＺＡＴの南原隊員の母親との久々の対面が描かれ、第二〇話「びっくり！怪獣が降ってきた」は怪獣フライングライドロンの母と子に関連して、五歳の一人息子を亡くし記憶喪失になった母親が記憶を取り戻すまでが描かれる。

そのような話を含めると、確かに家族と子供が出てくる話が多く、ストーリーの中心だ。数字的な割合以上に、印象を強烈に残す。

また、ウルトラ兄弟の客演も印象的だ。ウルトラファミリーの誰かが登場する回も、全部で一五話である。割合にすれば二八・三％。ほぼ三回に一回は、他のウルトラ兄弟が登場する計算になる。これは麻薬のように禁断の果実で、「兄弟が増えるにつれてウルトラマン一人一人の魅力が半減され、常に団体で出ていないと、間というか、場がもたなくなってきたのだ」った。[注12] これは人気シリーズの宿命で、『仮面ライダー』シリーズでも悩みである。『～タロウ』と同時期の『仮面ライダーV3』は第一話、第二話の前後編で前作の主人公である1号、2号を死なせる設定にした。ただし、後に二人を生き返らせ、客演回をつくる。番組後半では、仮面ライダー4号ことライダーマンをレギュラーとして登場させる。『～X』では終盤に四回、客演回。『～アマゾン』はあえて客演回なしで、『～ストロンガー』はシリーズ最終五話をかけて、最終回で全ライダーを集合させた。苦慮が感じられるが、客演率三割の『～タロウ』の方は、堂々としているとすら言える。

確かに、『ウルトラマンタロウ』には、かなりデタラメな作品が多い。大体、怪獣の名前とサブタイトルがふざけすぎている。

トンダイル、アリンドウ、デッパラス、オカリヤン、ムカデンダー、ヘルツ、ゴンゴロス、モットクレロン、オニバンバ、ベロン、ドロボン、サメクジラ…。確かに子供は、覚えやすいだろうが。第一期でも、脚本家の「金城哲夫」が由来の「キングジョー」は洗練されているし、主人公のウルトラセブンを苦しめた人気怪獣だ。タロウでは初の三話連続回が行われ、タロウに続きウルトラ兄弟長男のゾフィーまでもが倒された強豪怪獣の名前が、「バードン」である。あまりにもひねりが無い。ちなみに、放送時のオープニングでは「バートン」と表示されていた。

サブタイトルも、年少の子供向けに特化している。第七話「天国と地獄　島が動いた！」あたりから暴走が始まる。第一四話の「タロウの首がすっ飛んだ！」、第一八話「ゾフィが死んだ！　タロウも死んだ！」、第二〇話「びっくり！怪獣が降ってきた」、第二六話「僕にも怪獣は退治できる！」、第二七話「出た！メフィラス星人だ！」等々。

サブタイトルに、内容も引きずられる。

その筆頭が第四八話「日本の童謡から　怪獣ひなまつり」の酔っ払い怪獣べロンである。しかも、酔っ払っている怪獣べロンにタロウがバケツで水をぶっかけて、酔いをさまして終わるだけの話である。

第四四話「あっ！タロウが食べられる！」の「きさらぎ星人　オニバンバ」に至っては、宇宙人や怪獣の名前も、サブタイトルも意味がわからない。

第四九話「歌え！怪獣ビッグマッチ」に登場するカーン星人のモデルは、石原慎太郎である。衆議院議員だった石原は一九七三年、ネス湖探検隊総隊長となり、ネッシーを探しに行った。[注13]それと同じように、カーン星人は谷間に住む大人しい怪獣オルフィを探しに行く。オルフィを捕まえて暴れさせ、ZATを全滅させようとした。

第五〇話「怪獣サインはV」は、怪獣ガラキングと坂口良子《さかぐちりょうこ》がバレーボールで戦う話である。

坂口良子は、バレーボールのスポ根ドラマ『(新)サインはV』で主役を演じていた。リアリティーなど最初から顧みられていない。

問題作が、第一三話「怪獣の虫歯が痛い!」である。ZATが演習をしていたところ、ZATの撃ったミサイルが、海底で寝ていた怪獣シェルターの歯に挟まってしまう。シェルターはそれを取ろうと、もがきながら上陸する。ミサイルを抜こうとした東光太郎があやまってシェルターの違う歯を抜いてしまい、シェルターが暴れ回るので殺す話だ。

円谷英二や一それに金城哲夫が戒めていた「怪獣殺し」の話を、おふざけでやってしまっている……。

『ウルトラマンタロウ』はウルトラ兄弟の設定を引き継いでいるのだが、作品としては既存のウルトラシリーズと分断しているのである。

巨大怪獣を倒し、意外と自主防衛のZATだが……

第一話、風来坊の東光太郎青年は白鳥船長(演・中村竹弥)の船に乗せてもらい帰国した時、宇宙大怪獣アストロモンスに遭遇する。光太郎は人間だが怪獣に立ち向かって戦ううちに死んでしまったが、ウルトラの母に認められ、ウルトラマンタロウになる。そして、宇宙科学警備隊

――ZAT《ザット》に入隊する。ZATの隊長から紹介された下宿先は白鳥船長の家だった。こうして、さおり・健一姉弟らとの共同生活が始まる。ちなみに、さおり役は何の説明もなく、朝加真由美から小野恵子に交代した。なお、健一役は斎藤信也。

ZATとは、Zariba of All Terrestrialの略。Zaribaとはスーダンやその近隣諸国で見られる、基地や村の防護のための棘のある柵を指し、ZATは〝地球全領土における防護柵〟と考えられている。

本部は東京都千代田区霞が関一丁目一番地にある。[注14] 基地そのものが円盤になっており、第一話でアストロモンスに襲撃された時は、逃亡に成功した。

主力兵器は、六人乗り大型戦闘機スカイホエール、二人乗り戦闘機コンドル1号、一人乗り戦闘機スーパースワロー。宇宙航行用の大型光子ロケットのアンドロメダ、潜水艇アイアンフィッシュ、地底戦車ベルミダー二世、攻撃用戦闘車ウルフ777、パトロール車ラビットパンダ。

ZATのメンバーは以下。

朝比奈隊長を演じたのは、名古屋章。ただし、出演は計一二回。「昨日、カレー食ったもん、おるか?」とパトロールする者を決める。

副隊長の荒垣修平が事実上の隊長である。東野孝彦(のち、東野英心)が演じた。四九話で声がアフレコになり、第五〇話を最後に降板した。

三谷昇が、後任の二谷一美副隊長を三話だけ演じた。

ZATの隊員の名は、主人公の東光太郎、西田次郎、南原忠男、北島哲也で〝東西南北〟になっている。

篠田三郎が演じる主人公の東光太郎は、ZATの中で信頼も厚く、周囲とも非常にうまくやっていく。『帰マン』の郷秀樹、『エース』の北斗星司らとは違って、周囲との軋轢は起こさない。そこがまた、明るく、安心して見ていられる要因である。下宿先の白鳥家の姉弟さおりと健一に慕われている。

北島哲也隊員を演じたのは名脇役で有名な津村秀祐（現・津村鷹志）。ZATを代表するおちゃらけキャラで、任務そっちのけで釣りに没頭する。

南原忠男隊員を演じたのは木村豊幸。北島とともに全話に出演した。

西田次郎隊員を演じた三ツ木清隆は、第七話で降板。同時期の特撮ドラマ『白獅子仮面』で主役を演じている。後任の上野孝隊員を演じた西島明彦も第三五話で降板した。

女性隊員森山いずみを演じたのは松谷紀代子。当時、大手製薬会社のコマーシャルにも出ていた。隊員服は、ウルトラシリーズ初のミニスカート。第二〇、四三話以外のすべての回に出演している。

「解散MAT」「脱出TAC」に対し、「おちゃらけZAT」などと評される。あるいは「謹慎TAC」「脱出ZAT」とも。

ところでZATはムルロアやドロボンなどウルトラマンも勝てなかった強豪も含め八体の巨大怪獣を倒し、『ウルトラマン』の科学特捜隊に次ぐ成績となっている。戦績だけなら、最強と言えなくもない。

だが、その戦い方は?

第三話の「コショウ作戦」は、大量のコショウをばらまいて、光太郎と健一の飼い犬ポチを呑み込んだ怪獣ライブキングにくしゃみをさせて吐き出させようとする作戦である。

第四話の「バスケット作戦」は、キングトータスとクイントータスの卵を運ぶための作戦だ。朝比奈隊長が、光太郎に白鳥さおりから差し入れされた弁当がバスケットに入っているのを見て思いついた。

第九話の「蟻殲滅作戦」は失敗し、怪獣アリンドウを出現させてしまう。

第一三話の「虫歯治療作戦」もうまくいかず、怪獣シェルターを凶暴化させてしまう始末。その顚末は既に記した。

第一七話では、鳥の怪獣バードンが出現すれば、トリモチで動きを止めようなどといった作戦を立てた。「トリモチ作戦」だが、あえなく失敗に終わる。

第二四話「これがウルトラの国だ！」と第二五話「燃えろ！ウルトラ6兄弟」の前後編では、AZ1974作戦が計画された。[注15]水爆並み、しかも手持ちのAZ1974爆弾を怪獣ムルロアに仕掛けてぶっ飛ばした。なお、フランスがムルロア環礁で核実験をしたことから、宇宙大怪獣ムルロアの名が付けられた。

第二七話の「アミアミ作戦」では、網を使って二代目メフィラス星人を捕まえようとしたが、これもまた失敗に終わる。

第二九話「ベムスター復活！タロウ絶体絶命！」の「真っ二つ作戦」は、過去に学んで編み出した作戦だ。帰ってきたウルトラマンがベムスターを三段斬りにしている映像を見て、それを再現しようとする。巨大な回転ノコギリをスカイホエールに取り付け、ベムスターを斬ろうとするが、当然、ベムスターにかわされて終わる。この時にZATが見た映像には、ウルトラセブンが帰ってきたウルトラマンにウルトラブレスレットを手渡すところまで写していて、完全なメタフィクション作品になっている。

第三一話の「薬品作戦」は、お化けきのこマシュラを特殊な薬品で攻撃するも、マシュラの毒薬と科学反応を起こしてより強力な毒液になってしまった。

極めつけは第四八話「日本の童謡から　怪獣ひなまつり」の「白酒作戦」である。で、怪獣ベロンを酔い潰すために白酒を飲ませたところ、飲み過ぎてしまい、酔い潰れずに泥酔して暴れ出した。そこへタロウが出てきて、バケツで水を浴びせて終わりとなる。

ZAT以外の民間人が戦うことも多い。第二六話「僕にも怪獣は退治できる！」では、子供が父親の敵討ちで怪獣ムカデンダーに竹やりで立ち向かう。そして、善戦する。

第二九話「ベムスター復活！タロウ絶体絶命！」、第三〇話「逆襲！怪獣軍団」の前後編で、大和田獏《おおわだばく》が演じる塾の先生がナイフでベムスターに戦いを挑む。

さて、『ウルトラマンタロウ』を『～エース』までと『～レオ』以降に同一の世界観として位置づけて良いのかと疑問にすら思える。

たとえば、漫画家・鳥山明の代表作の一つ『ドラゴンボール超』に、やはり代表作の『Dr.スランプ アラレちゃん』のアラレちゃんが登場したことがあった。アラレちゃんの特技は地球割り。地面を正拳突きすれば、地球が二つに割れる。そして、『ドラゴンボール』で強敵キャラのベジータを叩きのめす。ベジータは「ギャグマンガのキャラと戦うべきではない」とボヤく。さて、『ドラゴンボール超』のなかで、キャラクターをすべて対等に並べて、アラレちゃんを最強キャラだと思う人がいるだろうか。

『ウルトラマンタロウ』は作り手が「本編」と位置付ける作品だが、明らかな異色作だ。『ウルトラマンエース』までも『～レオ』以降も、その世界観は現実の話ではなくても、デタラメではない。現実ではないルールを作ったうえで、それを守ろうとする。しかし、『ウルトラマンタロウ』は最初からそんなものは放棄し、楽しければいいと考えている。

だから、『ウルトラマンタロウ』をウルトラシリーズの同一線上に並べて、ZATと科学特捜隊やウルトラ警備隊では、どちらが強いかといった話をしても、おそらく意味がない。『ウルトラマンタロウ』は、当時見ている子供たちに、明るく楽しい番組を届け、人気を得ることに特化していた。

『ウルトラマン』の中で、第二六、二七話前後編のゴモラの話だけが異様で、ほかの話とは性質が異なるといっても、ウルトラマンの世界観から逸脱しているわけではない。しかし、『ウルトラマンタロウ』はそうしたレベルの異質さではなく、ウルトラシリーズの中で違う世界観をもち、ウルトラマンの世界とは、パラレルワールドぐらい違っているのである。

ウルトラシリーズ第一期と二期は基本的につながっていると考えてよい。

『ウルトラマンタロウ』も、ウルトラ兄弟が大量に出演するので、ウルトラシリーズでのつながりがあると勘違いしてしまう。しかし、本当につながっているのかどうか、明確ではない。むしろ、『ウルトラマンタロウ』だけがパラレルワールドで別世界の話だとすれば、説明がつくことが多い。

非現実（シュール）さの頂点を極める

第三九話「ウルトラ父子《おやこ》餅つき大作戦！」にはウルトラの父が登場、第四〇話「ウルトラ兄弟を超えてゆけ！」には五兄弟を含め、ウルトラファミリーが総出演する。

第三九話、月から、餅つき怪獣モチロンがやってくる。モチロンは、臼《うす》に顔があって、手足が伸びてきて、ただひたすら「餅が食べたい。地球の餅はうまい」と餅を求めてさまよい人々に迷惑をかけ、さらには新潟に行こうとする。新潟のうまい米でできた餅を食べたいからだ。モチロンが人々のついた餅をかっさらう場面に、東京大空襲の白黒写真がインサートされる。

モチロンを追いかけ、かつてウルトラマンエースだった南夕子が登場する。夕子は、空からベートーヴェンのピアノ・ソナタ第一四番『月光』をピアノで弾きながら降りてくる。[注16]やってきた夕子は、全く無駄にテレポーテーションを繰り返し、モチロンの説明をしながら、光太郎をモチロンの居場所に案内する。

モチロンはウルトラマンタロウに戦いを挑む。タロウがモチロンを持ち上げて、とどめを刺そうとしたところへ、ウルトラの父が現れ、タロウに「許してやれ」と諭す。一方で、モチロンには臼になって餅をつき、盗んだ分の餅を返してから月に帰れと説教する。そして、南夕子が巨大化し、やおら赤いたすきをかけて準備を整え、臼になったモチロンで餅つきが始まる。タロウが杵でつき、夕子がそれをひっくり返す。

満月の空の下で行われる餅つきを、ウルトラの父が見守り、民謡が流れる。シュール極まりない構図である。この回は一九七三年十二月二十八日、年末に放送された。

続く第四〇話「ウルトラ兄弟を超えてゆけ！」は、事実上の総集編である。「35大怪獣宇宙人総登場」と銘打って、「ウルトラ兄弟たちはあんな怪獣と戦った、こんな怪獣とも戦った」と過去のライブフィルムを紹介する。

ストーリーは、暴君怪獣タイラントが海王星から地球を目指してやってくる。デザインでは合体怪獣の傑作と言われるタイラントは、頭はシーゴラス、耳はイカルス星人、腕はバラバ、胴はベムスター、足はレッドキング、背中はハンザギラン、尻尾はキングクラブと、過去にウルトラ兄弟に倒された怪獣たちの体の一部が合体して生まれた。

タイラントが海王星を発って、ウルトラ五兄弟を倒しながら、地球へと向かって来る。海王星でゾフィー、天王星でウルトラマン、土星でウルトラセブン、木星で帰ってきたウルトラマン、そして火星でウルトラマンエースをそれぞれ倒した。

タイラントの能力は侮れない。ウルトラサインを送ろうとしたゾフィーの手を痛めつけ、サインを送れないようにし、「タイラントに気を付けろ」とウルトラマンが送ったウルトラサインを消してしまった。帰ってきたウルトラマンが送ったサインもタイラントに消されてしまう。

東光太郎は異変に気がつかない。河原で、少年タケシが自転車の練習をするのにつきあっていたからだ。それで地球が滅んだなら、どうする気なのだ。

ようやく最後の、エースからのウルトラサインに気づく。光太郎はタケシに「僕は行かなければならないんだ」「僕が戻ってくるまで必ず自転車に乗れるようになっていてくれよ」と告げ、タロウに変身してタイラントと戦う。すると、あっさりタロウが勝ってしまう。負けたウルトラ五兄弟の立場は何だったのか。タイラントが五兄弟を倒して地球に来たので疲れていたのだろうとの解釈も可能だが、番組中にその手の説明はない。

そもそも、『ウルトラマンタロウ』の本編が、ウルトラシリーズのパラレルワールド的なお伽《とぎ》話《ばなし》であると考えれば、そんなデタラメさにも全然、何も怒る気さえ起きない。

何より、見ている子供たちにとっては楽しいのだ。ウルトラマンエースに至るまでに経験した、なぜこのゴールデンタイムで、これほど暗い話を見せられなければならないのだという疑問は生じようがない。

ただし、『～タロウ』では、意外と残虐な描写と悲惨な話が多い。

第四話「大海亀怪獣　東京を襲う！」はキングトータスとクイントータスが自分たちの卵を食べた人間に復讐する話の前編である。後編の第五話「親星子星一番星」で、故郷の島に帰った卵とクイントータスを守るために自分が盾になるキングトータスに、これでもかとミサイルが撃ち込まれる。そしてクイントータスは殺される。

第六話「宝石は怪獣の餌だ！」では、愛犬のポチが殺されてしまう。

第一〇話「牙の十字架は怪獣の墓場だ！」は、ZATの攻撃で一度倒れたデッパラスが再生するとき、おどろおどろしい色彩で生首が浮かんだようになる。怪獣デッパラスの牙がウルトラマンタロウの胃の辺りから背中に貫通する。タロウは牙が貫通したまま戦う。タロウは刺さった牙を自分で引き抜いて、デッパラスを仕留めた。デッパラスの牙で十字架を作ったまわりには、破壊されたデッパラスの血にまみれた肉片が散らばっていた。

第一一話「血を吸う花は少女の精」は孤児《みなしご》の怨霊の話で不気味である。捕らえた人間の血を一滴残らず吸い尽くすと説明される吸血植物バサラが、継母の耳に管を入れてストローでジュースを飲むように血を吸い上げるところがアップで映り、それを窓から表情ひとつ変えずに眺めている養子のカナエにぞっとする。その少女カナエが、花鋏《はなばさみ》を手に持って、常にカチカチとさせているのも薄気味悪い。注17

怪獣バードンが三話連続出てくる第一七話から第一九話も所々に残酷なシーンがある。第一七話では、バードンが嘴《くちばし》をタロウの胴体に深く突き刺し、第一八話では胸を突き刺し、タロウの胸から血が出ているように見える。助けに来たゾフィーが火だるまになり、やはりバードンの嘴に刺された。第一九話では、バードンが人間を食べるようになり、嘴に人間が挟まれたところが映る。もちろん、人形だが。

第三五話「必殺！タロウ怒りの一撃！」では、工事現場から鉄材が落下して倒れた光太郎の横に、出刃包丁を持つ小さい手が映る。

第三七話「怪獣よ　故郷へ帰れ！」では、調査とは言え、光太郎が怪獣ヘルツの足の裏から一部を切り取るとき、グロテスクな赤い血が出る。

第三八話「ウルトラのクリスマスツリー」では、ウルトラマンタロウとキングトータスの戦いで、団地に暮らす人が犠牲になった場面が描かれる。少女の父親が本棚の下敷きになり、母親も落下物に押し潰される。また、テロリスト星人がミラクル星人の胸を剣で突き刺す。

『ウルトラマンタロウ』に残虐な作品や描写が多いのは、本当に、リアルにそれを描いて見せないと納得しない人が出てくるからであって、時代の変化である。ウルトラシリーズ第一期が、想像力に働きかける描き方をしていた時代とは違ってきた。

人間誰しも大事にとっといた思いに別れを告げなきゃいけないことがある

『ウルトラマンタロウ』はお伽話の民話である。ゆえに、荒唐無稽な話が多いのだ。リアリティーを最初から放棄している結果であり、楽しければいいと考えている。『ウルトラマンエース』までは神話の世界のリアリティーを追求している。神話と現実の戦争が混在し、つながっている世界であった。ところが、『～タロウ』はそれとは分離したのであり、作品の作り方が根本的に違っている。

『ウルトラマンタロウ』は、本来の子供番組の作り方だ。『ウルトラマンエース』があまりにも複雑すぎて不人気になったので、『ウルトラマンタロウ』は、ウルトラマン以前の月光仮面時代の子供番組をカラー、特撮で行っているといったようなやりかたである。同時期の『仮面ライダーV3』が、父、母、妹を殺された復讐で戦っているのと比べれば、タロウが子供番組である実態がより一層見えてくる。

そして、民話好きの熊谷プロデューサーのもと、第四五話から第四八話まで、副題に「日本の童謡から」と入る、「日本の民話シリーズ」が作られる。番組中にストーリーと関係のある童謡が何度も流れる。

その中の第四五話「日本の童謡から 赤い靴はいていた…」が、よりによって、これでもかとシリアスな話である。要所要所で、「赤い靴」が物悲しく流れる。しかも、毎回、陽気で真っ先におちゃらける北島隊員がその話の中心だから、よけいに話の暗さが際立つ。

北島隊員には幼なじみの真理ちゃんがいた。いつも一緒に遊んでいたのに、真理ちゃんがまだ小さいときのある日、どこかのおじさんに連れられて遠くへ行ったきり、会っていない。

ところがある日、大人になった真理が現れ、北島と再会し、「ZAT基地が見たい」と言いだす。真理が基地に入る前の検査で引っかかり、基地には入れないと言われると、北島が怒る。それを静止するのが東光太郎だ。第二期ウルトラシリーズで軋轢を起こすのが主人公であるのとは、役割が逆転している。おちゃらけの北島隊員が暴走し、主人公のほうが諭す役にまわる。光太郎は北島から白鳥さおりが基地に入った事実を指摘されると、「チェックを済ましたあとです」とまっとうな返答をする。

検査で真理におかしな反応が出たのは、真理が怪獣爆弾に改造されていたからだった。

幼いときに突然姿を消した真理は、実はドルズ星に連れて行かれたのだった。そしてドルズ星人は真理を拉致し、怪獣爆弾に改造した。真理がZATの基地に侵入した瞬間に、怪獣として巨大化させ、ZAT基地を爆破させようとの企みだ。

真理が自動的に怪獣に変身するのが迫っていた。

北島のあまりの優しさに、真理は自分の使命を捨てる決心をする。

真理はZAT基地に入るのを拒否され、外へ出た。追いかけて来た北島にいきなり「私を撃って」と懇願する。困惑する北島に「早く私を殺して」と促す。

自分はもうすぐ怪獣になるのだ、と叫ぶ真理の腕や顔に変化が現れる。それを見た北島は真理に向けて銃を構える。そのとき、光太郎が「何をするんです」と北島の銃を撃ち落とす。

北島は光太郎に「彼女は怪獣なんだ」「今のうちに殺してやってくれ」と涙ながらに頼む。

光太郎が真理に銃を向け、一瞬躊躇したそのとき、真理が巨大怪獣メモールとなってしまい、意思を無くし暴れ出す。

最後はウルトラマンタロウが怪獣メモールを宇宙に運び去った。

その後——北島は、たまたま川を流れてきた少女が履くような赤い靴に向かって、ZATガンを連射し、沈めた。

慰める東に、北島は「人間誰しも大事にとっといた思いに別れを告げなきゃいけないことがあるんだ。そんな風にして男は成長していくんだから」と答える。そして普段の北島に戻る。

怪獣メモールは殺されなかった。しかし、どこにも救いはない。真理が人間に戻ったわけではなく、しかも、陰惨な作戦を実行したドルズ星人は遠い安全地帯で安穏としている。

最終回「さらばタロウよ！ウルトラの母よ！」で、光太郎の下宿先である白鳥家のさおり、健一姉弟の父である白鳥船長が、怪獣サメクジラに殺される。健一が自暴自棄になってしまう。光太郎は今までずっと一緒にいた健一に人間の力で戦うのを見せるために、自分の正体を明かし、ウルトラバッジを捨てる。

現れたバルキー星人は、ウルトラマンタロウに変身しない光太郎ならば勝てると巨大化する。

人間東光太郎と巨大バルキー星人の一騎打ちが始まった。光太郎は、バルキー星人を石油コンビナートにおびき寄せ、爆破し、焼き殺す。大惨事だが、自主防衛で終わった。

『マン』『セブン』『帰マン』『レオ』『80』『メビウス』とともに、最終回が自主防衛で終わるところは、本編の伝統を守っている。この一事では、「エース」の方が異色作である。

それはさておき、最後の場面で東光太郎は都会の雑踏の中に消えていった。ウルトラマンであることをやめ、普通の人間として暮らす決意だ。
その後、ウルトラマンタロウは多くの作品に出演しているが、篠田三郎がゲスト出演したことはない。
ウルトラバッジを捨てた最終回を大事にしているから、というのがその理由なのだそうだ。「また何かタロウのような夢のある番組があったら、今度は隊長役で出てみたいですね[注18]」と、インタビューでは答えているが。

【注1】三大特撮シリーズは、円谷の「ウルトラ」、東映の「ライダー」「戦隊」である。その中で最長不倒は戦隊シリーズで、一九七五年に『秘密戦隊ゴレンジャー』が始まり、一九七七年十二月に『ジャッカー電撃隊』でいったん終了したが、一九七九年二月の『バトルフィーバーJ』放映開始からは、現在まで一度も途切れることなく続いている。ライダーシリーズも、二〇〇〇年の『仮面ライダークウガ』以降、毎年必ず新作が送り出されている。テレビ朝日の日曜朝九時から十時は東映特撮の時間帯で、今や新人俳優の登竜門となっている。むしろ東映のライダーシリーズと戦隊シリーズの方が、『ウルトラマンタロウ』が確立した「売れる特撮の黄金パターン」を忠実に踏襲していると言えよう。

【注2】吉田松陰役。『花神』は、前半が吉田松陰、後半は高杉晋作が事実上の主役。本来の主役である大村益次郎が名実ともに主役となるのは終盤。篠田はさらに二年後、大河ドラマ『草燃える』で重要な役どころ

の源実朝を演じている。

【注3】『空想特撮シリーズ　ウルトラマン大全集』（講談社、一九八七年）二〇八頁。二十世紀の間は、このような空気だった。

こうした空気が変わるのは、二十世紀最後の年の二〇〇〇年に、オダギリジョーが『仮面ライダークウガ』、永井大が『未来戦隊タイムレンジャー』の、それぞれ主役を演じてからである。

【注4】『V3』の視聴率は、「特撮視聴率補完」（https://w.atwiki.jp/shichouseiko/pages/81.html）より。『タロウ』は、中川右介『サブカル勃興史　すべては1970年代に始まった』（角川新書、二〇一八年）八九頁。

【注5】『仮面ライダー』の人気は『V3』で頂点を迎える。続く『仮面ライダーX』は三五話、『仮面ライダーアマゾン』は二四話、『仮面ライダーストロンガー』は三九話と一年間続かず、いったんシリーズは終了する。

【注6】囲碁は奈良時代に輸入され、将棋は戦国時代にルールが日本風に確立されたと推定されている。江戸時代に「囲碁将棋」の呼び名が定着したが、歴史の古さが決め手であったと思われる。

【注7】『テレビマガジン特別編集　ウルトラマン大全集Ⅱ』（講談社、一九八七年）一四〇～一四一頁。

【注8】青柳宇井郎、赤星政尚『ウルトラマン99の謎　懐かしのヒーロー』（二見書房、一九九三年）一〇八頁。

【注9】『不滅のヒーローウルトラマン白書　第二版　宇宙船別冊』（朝日ソノラマ、一九八七年）一三九頁。

【注10】切通理作「ウルトラマンの正義」（『正義とは何か？　テレビ・マンガヒーローたちの正義学概論』福昌堂、一九九六年所収）五三頁。

【注11】最初に作品としての「～タロウ」に積極的評価を与えたのは、円谷プロダクション監修『タロウタロウタロウウルトラマンT《タロウ》　検証・第2次ウルトラブーム』（辰巳出版、一九九九年、タツミムック）であろ

う。「ファンコレ」が確立した、従来の「通説」に徹底反駁《はんばく》を加える。

【注12】竹内義和『なんたってウルトラマン』（勁文社、一九八八年）二一四頁。

【注13】「石原慎太郎　総隊長　ネス湖探検隊」（『サンケイスポーツ』昭和四十八年八月十一日付）

【注14】現実には、法務省と検察庁の合同庁舎が存在する。

【注15】この二話には悲壮感はあまりない。「ギエロン星獣に謝れ！」としか言いようがない展開である。

【注16】ウルトラシリーズでクラッシックを使ったのは、三回中二回が南夕子である。

【注17】監督の山際永三は社会活動家でもあり、オウム真理教の支援や、死刑囚の小野悦男の支援なども行った。この回は、孤児《みなしご》を生み出す社会への諦念がテーマである。映画化もされた。

【注18】昭和六十二（一九八七）年五月二十六日のインタビューで（『テレビマガジン特別編集　ウルトラマン大全集Ⅱ』講談社、一九八七年）。

第六章

ウルトラマンレオ

——たった一人でもお前を欲している間は死ねない——

生きる厳しさと哀しさを鮮烈に謳う

一九六六年、昭和で言えば四十一年、日本は高度経済成長の真っただ中にあった。この年に『ウルトラQ』と『ウルトラマン』が送り出された。そのウルトラシリーズにも終焉が近づいてきた。

『ウルトラマンタロウ』放映中の一九七三年七月、時の田中角栄内閣は「日本列島改造計画」をぶち上げる。経済の玄人の眼からは、インフレ傾向の時にバラまき財政の愚策である。案の定、全国の土地は高騰する。そこに同年十月からの中東戦争の勃発で、石油ショックが直撃した。狂乱物価の到来である。かくして高度経済成長は終わった。原油価格の高騰は、特撮番組の制作を困難にする。テレビ局は制作費が安価なアニメに、子供番組の主軸を移す。この年に大人気となったのは『マジンガーZ』で、ロボットアニメブームが到来した。

こうして不況が長期化し始めた一九七四年に、『ウルトラマンレオ』は企画された。最初から予算難との戦いだった。

企画を主導したのは、熊谷健である。メインライターは田口成光、全五一話中、第一話と最終回を含む二三本の脚本を書いた。他に阿井文瓶が一四本、若槻文三が九本を担当している。

企画書には尋常ならざる意気込みが盛り込まれている。まず基本理念として、企画書のサブタイトルで「生きる厳しさと哀しさを鮮烈に謳う」と宣言、挑戦状の如き趣旨を叩きつける。[注1]

現在、放映されているもの、あるいは雑誌などに掲載されているものに登場するヒーローが、私たち人間にあまりにも近い位置にいて、親しみやすすぎるように感じます。その結果、やや、スーパーマンが〝良い人〟になり過ぎてしまっているきらいがあるように思えます。ために、甘えぐせのある現代っ子は都合よくスーパーマンの陰に逃避してしまいがちです。

本来、スーパーマンとは、神秘的で神格化されたものでなければなりません。そうであってこそ、スーパーマンがスーパーマンたり得るのであると思います。そこで私たちは、〝現代っ子の甘えグセ〟から一歩前進して〝自分の道を自分で切りひらく〟孤独な新しいスーパーヒーローの創造をしてみたいと思うのです。

さらにコンセプトとして、「①ウルトラシリーズ第七弾！　②超神秘的なヒーローの登場!!　③骨肉相食《は》む人間ドラマ!!!　④豊富なSF的エンターテイメント！　宇宙人、怪獣、乗り物、小道具、ｅｔｃという四点」が挙げられている。結局、このなかで前面に出たのが③の「骨肉相食む人間ドラマ」である。

前作『ウルトラマンタロウ』は従来からの大人のファンが離れる代償に、子供番組の金字塔を立てた。あとは、子供のファンしか残っていない。その子供たちに「生きる厳しさと哀しさ」をぶつけようとの意図だ。『〜タロウ』で子供たちを甘やかしすぎたとの、作り手の反省が読み取れる。

もう一つ、事情があった。もちろん予算難である。だから、特撮を可能な限り減らし、人間ドラマの部分が大きくなる。そして、当時の流行を、ありったけ取り入れた。

超能力を売りにするユリ・ゲラーやＵＦＯ、『ノストラダムスの大予言』を書いた五島勉以下のオカルトブームで世紀末的な様相であった。小松左京の小説『日本沈没』も映画化され、大ヒット。人知の及ばない天災との戦いも取り入れ、特に主題歌や第一話、二話の前後編では、これらを意識した演出がなされている。また、ブルース・リーが大ブームを起こしていたので、格闘シーンを増やした。主人公のおゝとりゲン役には、少林寺拳法ができる真夏竜が起用された。

さらにドラマ重視で、既にブームが去っていたスポ根の、「特訓」を取り入れた。隊長と主人公の人間ドラマの比重を大きくするため、防衛チームの隊員のドラマをあえて描かないこともスタッフ間で申し合わされていた。[注2] 今では、初期一五話の「特訓」と最終クールの「円盤生物」

は、『ウルトラマンレオ』の代名詞となっている。

だが、企画の詰め込みすぎの結果は『ウルトラマンエース』の「失敗」で目に見えており、路線変更は視聴率苦戦の産物である。『～レオ』は第二期シリーズで、最も視聴率難と路線変更に苦しむ作品となる。終盤四クール目は、特撮部分を極端に減らすために防衛チームのＭＡＣを全滅させ、敵も怪獣ではなく操演だけで操る円盤生物と呼ばれる敵となった。レギュラーと着ぐるみ俳優の人件費削減である。

なお、主人公を特訓する川上鉄太郎隊長役には森次晃嗣《もりつぐこうじ》がキャスティングされた。最終回で正体はウルトラセブンだと明かす予定だったが、森次の「ウルトラシリーズという世界では森次晃嗣といえばモロボシ・ダンなわけでしょう」との強い希望で、モロボシ・ダン役に変更された。[注3]この重要な設定変更が、『～レオ』のドラマを過酷にすることとなる。

ヒーローが二人いるとドラマにならないので、第一話でダンは怪獣との戦いに負けてセブンに変身できなくなる。そしてウルトラマンとして未熟なレオを、常軌を逸した特訓で鍛えることとなる。つられて、敵の星人は力が強くずる賢く、凶悪さが際立つ存在となった。

なお、『ウルトラマンレオ』を通じて、「宇宙人」と「星人」は使い分けられている。「星人」とは、従来の「侵略宇宙人」の意味である。特に初期の星人のほとんどは、通り魔のように無目的で凶暴である。それに対して、たった二人の「宇宙人」であるゲンとダンの苦悩がドラマの中心となった。

通年のテレビドラマは通常、一三話三カ月をワンクールとし、全五二話である。だが、『～レオ』の制作は遅れに遅れ、第一話が四月第二週にもつれ込んだ。その一話分、『～タロウ』が全五三話となった。

それだけに、第一話「セブンが死ぬ時！東京は沈没する！」第二話「大沈没！日本列島最後の日」は、水をふんだんに使った大スペクタクルとなった。水を使った特撮は、最も難しい。水は縮小出来ないからだ。特撮監督は高野宏一で、監督の真船禎とともに、第二期シリーズ最後の演出となる。

最初の一クールは、オープニングに「突然嵐が巻き起こり、突然炎が吹き上がり」の歌詞で始まる主題歌の二番を使った。前作『ウルトラマンタロウ』が「ウルトラの父がいる、ウルトラの母がいる」と明るく始まったのとは対照的に、世紀末感をかもしだした。作詞は阿久悠、作曲は川口真で同じなのだが。

音楽は再び『セブン』『帰マン』『エース』の冬木透。『ウルトラセブン』では一回しか使われなかったＢＧＭ「十字架」が多用され、悲壮感を掻き立てる。

主題歌だけでなく、オープニングの特撮の違いも顕著である。『ウルトラマンタロウ』では、まぶしく光るZATのメカがふんだんに映されたあと、基地のゲートが開いて、コンドル1号が飛び出していく空は青空だ。『ウルトラマンレオ』では、宇宙空間と曇り空に戦闘機が飛んでいる。暗い。

しかも残念なことにピアノ線が見えている……。さすがにDVD化したときには、デジタル処理で消されてはいたが。意気込みが強すぎたときに凡ミスをするのは世の常だが、不吉な出だしだった。

おゝとりゲン、この物語の主人公である

『ウルトラマンレオ』の全五一話は、「特訓編」「SF編」「円盤生物編」と三区分できる。

第一話から第一五話までが特訓編である。ちなみに、第二一話が最後の特訓になる。第四〇話から最終回の第五一話までが、円盤生物編であり、実際、サブタイトルに「恐怖の円盤生物シリーズ！」と入っている。その中間の第一六話（あるいは第二二話）からがSF編である。[注4]SF編では、生き別れだったレオの弟のアストラ（第二二、三三、三六、三九、四六話）、伝説の超人ウルトラマンキング（第二六、三九、五〇話）が初登場し、ウルトラ兄弟との客演（三四、三八、三

九話）も実現する。

ただ、当初のウルトラマンレオは孤独であった。ウルトラマンタロウがウルトラの父と母の実子で、ウルトラ六兄弟の結束を前面に押し出し、第三三、三四話前後編に至っては、黒部進・森次晃嗣・団次郎・高峰圭二の歴代主役が勢ぞろいした。

ところが、レオはM78星雲ウルトラの国の出身ではない。L77星の出身であり、他のウルトラ兄弟とは種族も国籍も異なる。しかも、故郷を星人に滅ぼされた、亡命者である。

地球人おゝとりゲンとして暮らしているところから、物語は始まる。

ウルトラマンレオは普段は、おゝとりゲンとして、城南スポーツセンターでスポーツインストラクターをやっている。恋人の山口百子《ももこ》（演・丘野かおり）は同僚で、後輩の野村猛《たけし》（演・伊藤幸雄）や梅田トオル（演・新井つねひろ）とカオル（演・富永美子。のちの声優・富永みーな）にも慕われている。

地球防衛の任務にあたっているのは、MAC《マック》。Monster Attacking Crewである。モロボシ・ダンはMACの隊長になっている。基地は地上の他に宇宙にもマックステーションがあり、宇宙パトロール隊として星人の侵入を監視している。マックステーションの屋根の部分には、超大型空中指令室マッキー1号が合体している。主力は、多目的高速戦闘機マッキー2号。分離可能で、Bパーツは完全に円盤型である。Aパーツは槍状で、時に巨大星人に対する体当たりにも使う（第一三、一六話）。またモロボシ隊長が愛用する小型格闘戦闘機マッキー3号も主力である。ホバリング（を通り越して空中での完全静止）可能。明らかに地球の科学力を超えた兵器である。装備そのものは歴代防衛チームより進歩している。また、地上戦も多く、ナイフや素手での格闘戦は日常茶飯事である。『帰マン』のMATは最終回で隊員たちはバット星人との最終決戦ではナイフで切りあう肉弾戦を挑み、悲壮感が最高潮に達したが、MACは敵が強すぎる状況が大前提なのである。

しかも、番組途中で全滅してしまった。だから「解散MAT」「脱出TAC」「おちゃらけZAT」「全滅MAC」と並び称される。

MACの隊員は、入れ替わりが激しい。

隊長のモロボシ・ダンは隊員番号1を付けている。副隊長格の黒田は3、青島が5、赤石《あかし》が6、おゝとりゲンが7である。二人の女性隊員、白川と桃井がそれぞれ8番と9番を付けている。途中からレギュラーになる白土《しらと》隊員には隊員番号がない。

MACは異様なまでに戦死率が高い。第三話では鈴木隊員が殺され、第一五話では名もなき隊員が戦死する。また、第二二話では怪獣ガロンに、「マッキー2号二機破壊、3号四機破壊、死者三名、負傷者一六名」の大惨敗を喫している。

レギュラー隊員でまともにドラマを描いてもらえたのは、青島隊員（第八、一〇、一四話）と白土隊員（第六話、ただしその時点ではゲスト）ぐらいである。

白川隊員と、第六話で初登場し第一七話から再登場する白土隊員以外は、全員が途中で退場する。

主人公のおゝとりゲンをとりまく、城南スポーツセンターの人々がストーリーの中心である。


その顔はなんだ!? その目はなんだ!? その涙はなんだ!?


第一話で、レオの故郷L77星を滅ぼしたマグマ星人が、双子怪獣のブラックギラスとレッドギラスを連れて地球にやってくる。

モロボシ・ダンがウルトラセブンに変身し、東京の南二五〇キロメートルの洋上にある黒潮島で、ギラス兄弟を相手に戦うが敗北、ブラックギラスに右足を折られてしまう。そしてマグマ星人がセブンを殺そうとした瞬間、レオが飛んできて助けに入り、九死に一生を得る。

人間の姿になり、ゲンは「ウルトラマンレオです」と名乗る。そして亡命に至る経緯《いきさつ》を話し「地球は僕の第二の故郷」ですと言い切るゲンに、ダンは「ゲン、君は愛する地球を、君自身の手で守るんだ」「私には君が必要だ。しかも、君にも私が必要だ」と答える。ダンは変身道具のウルトラアイを取り出し、変身できない自分の姿を見せる。

あそこに沈む夕日が私なら、明日の朝日は、ウルトラマンレオ、お前だ。

ウルトラセブンに代わり地球を守る決意をしたゲンは、MACに入隊する。

だが、ウルトラマンレオは、弱い。緒戦こそギラス兄弟とマグマ星人を奇襲で撃退したが、再戦では鎧袖一触《がいしゅういっしょく》される。レオは光線技も苦手だ。

だから、己の体を鍛え、星人や怪獣を倒せる技を身につけなければならない。

こうして、ダンの過酷な特訓が始まる……。

見た目には伝わりづらくても、地味に苦しい特訓が多い。文章に書くと簡単だが、「地雷原を駆け抜ける」など、危険な撮影である。そして、レオはたいてい、一度目は負ける。第三話、五、六、七、八話と負け続ける。ただし、同じ相手に二回負けたことが無いが。それだけに「弱いヒーロー」の印象がつき、「毎回、特訓で勝つ話」とワンパターンのように思われてしまったのだが……。また、予算の都合で特撮を極力減らすために、光線技が苦手な設定にされたので、

モロボシ・ダンによるおゝとりゲンの特訓一覧

話数	サブタイトル	特訓の内容
第1話	セブンが死ぬ時！東京は沈没する！	前後編。空中に吊されて、キリモミさせられ、そこからキックを繰り出す。きりもみキックを編み出す。
第2話	大沈没！日本列島最後の日	前後編。
第3話	涙よさよなら……	本文で詳述。
第4話	男と男の誓い	前後編。
第5話	泣くな！おまえは男の子	ダンが用意した奇天烈《きてれつ》な機械で、真剣白刃取り。
第6話	男だ！燃えろ！	本文で詳述。
第7話	美しい男の意地	ブーメランをひたすら、身体にぶつけられながら、跳ね返す。
第8話	必殺！怪獣仕掛人	崖の斜面を蹴った勢いで、一八〇度後ろにある小川を飛び越える訓練。踏み切る位置、崖を蹴る位置、着地点を結ぶと三角形になる。
第9話	宇宙にかける友情の橋	全身を回転させながら降りかかってくる泡を飛ばす。
第10話	かなしみのさすらい怪獣	特訓なし。本文で詳述。
第11話	泥まみれ男ひとり	山でサンドバッグを相手にバックドロップ。
第12話	冒険野郎が来た！	ワンクールに一回のおちゃらけ話、お伽話なので、特訓はなし。
第13話	大爆発！捨身の宇宙人ふたり	透明な敵を倒す特訓。 ダンはプラスチックの定規を投げつけたのがダーツの的に突き刺さり、上下に激しく揺れるのを見て、さらに定規を手に取り先だけを左右に激しく揺らし「これだ！」と、星人が姿を消した方法に思い当たった。 ゲンは空手の技を磨くために使っていた、長方形の長い板を、悔しさのあまりに叩いたとき、左右に激しく揺れるのを見つめ、落ちてきた松ぼっくりが板に当たったのを「見えた！」とキャッチする。
第14話	必殺拳！嵐を呼ぶ少年	MAC隊員が二人がかりで正面の敵役と、その頭上を越して飛んでくる敵役になる。二人の敵を倒す特訓。
第15話	くらやみ殺法！闘魂の一撃	目をつぶって、野球ボールをかわす。
第19話	見よ！ウルトラ怪奇シリーズ よみがえる半漁人	モロボシダンが放つムチをかわす。
第21話	見よ！ウルトラ怪奇シリーズ 北の果てに女神を見た！	スキーの回転競技をイメージして、左右にステップを切り替えながら仕掛けた地雷が爆発する前に旗門を駆け抜ける。

子供にも不人気とならざるを得ない。

事実上の初回である第三話「涙よさよなら…」では、トオルとカオルの父親が、子供たちの目の前でツルク星人に殺されてしまう。

トオルとカオルは、ゲンがインストラクターを務めるスポーツクラブに通っている。母親を亡くして父子家庭であるが、親子三人仲がいい。

その日も、父親がトオルとカオルをスポーツクラブに迎えに来た。トオルとカオルが、当時の人気グループ、フィンガー5《ファイブ》のヒット曲『恋のダイヤル6700』を「リンリンリリン……」と口ずさみながら、親子三人楽しく夜道を帰っていく。注5 そこに現れたのが、通り魔のツルク星人だ。ツルク星人は兄妹の目の前で父親を真っ二つに斬り捨てる。

孤児になったトオルとカオル兄妹を、MACの鈴木隊員が引き取る。しかし、今度はその鈴木隊員までがツルク星人に惨殺されてしまう。

ちなみにツルク星人は、ただ単に通り魔をするために両手を刃物に肉体改造している。完全に精神異常者である。レオはそんなツルク星人に勝てない。自分の大切な人を守れない。

そこでダンはゲンに「滝の水を切れ」と特訓を命じる（撮影時期は三月。真夏竜の唇が紫になっているのは、よく見ると映像で確認できる）。しかし、「滝の水を切れ」のひと言だけで、なんの説明もない。ゲンは「できないぃぃぃ!!!」と、途方に暮れる。弱音を吐くゲンの前に、モロボシ・ダンが現れて「その顔はなんだ!? その目はなんだ!? その涙はなんだ!?」[注6]とゲンを殴りつける。「お前がやらずに誰がやる!? お前の涙で奴が倒せるか! この地球が救えるか! みんな必死に生きているのにくじける自分を恥ずかしいと思わんか! ……やるんだ! もう一度やるんだ!」と迫るダンに、得心したゲンは、再び特訓に向かう。

そして、ゲンは桜の花びらが滝に落ちるのを見て、「流れに目標があったぞ!」と滝の水を切る。そして、編み出した「流れ切りの技」でツルク星人を倒した。

第六話「男だ!燃えろ!」では、宇宙ステーション勤務の白土隊員が会議出席のために久々に地球に戻り、恋人の洋子とゲンに会う。白土は仲の良いゲンに、洋子を家に送ってやってくれと頼む。しかし、ゲンが護衛しているにもかかわらず、カーリー星人が現れ、あざ笑うかのように洋子を殺してしまう。ゲンはウルトラマンレオに変身し戦うが、叩きのめされた上、カーリー星人には逃げられてしまった。

当然の如く、白土隊員とゲンの友情は崩壊する。白土隊員は復讐に燃えて、自分の手でカーリー星人を殺すために志願してＭＡＣに入隊し、射撃訓練に励む。

それを見たゲンも、カーリー星人を倒すための特訓をはじめる。

大木の上から吊した二本の丸太棒をスイングさせ、ゲンは空手の蹴りや突きで立ち向かう。カーリー星人は肩に生えた角を武器に、闘牛のように突進してくる。丸太棒をカーリー星人の角に見立てたのだ。さらに、丸太の先を鉛筆のようにとがらせてもみた。ゲンは不規則に揺れながら向かってくる二本の丸太を素手でかわそうとする。スポーツセンター所長の大村（演・藤木悠）と猛が手伝い、釣り鐘を突くような動作で丸太棒をゲンめがけて突き動かす。

その間にもカーリー星人が出没し、黒田隊員と青島隊員が重傷を負わされた。

一方、ゲンは特訓の成果があがらない。

特訓の最中に飛んできた金属の杖で丸太棒のロープが切られ、丸太棒がゲンを襲う。ダンの杖だ。ダンは杖でゲンを激しく殴りつけ、突きながら、「お前はカーリー星人を倒すと言ったな」「その腕ではまだ無理だ。白土隊員の射撃の腕のほうが上だ」と、比較しながらけなす。上司が一番やってはいけない叱り方だが、そんなことを気にするダンではない。ダンは続けて「しかし、白土隊員の腕だけでも星人を倒すことはできん。お前はいったい何をしてたんだ。お前のやっていたことは訓練なんかではない。この丸太棒にお前を憎しみ、突き刺す心があるか」と責め立てる。今だとパワハラでコンプライアンスにひっかかり、絶対に映像化できるはずがない。[注7]

ダンはジープでゲンを追いかけ回しながら、「ゲン、逃げるな！　逃げるんじゃない!!」と、逃げようとするゲンを金属の杖で思いっきり殴りながら、さらに追い詰める。約二分間、ジープで追い詰める特訓が続く。ひたすら、森次晃嗣が真夏竜をジープで追いかけては殴り、殴っては追いかけ回す。ダンのあまりの権幕に、「お願いです。やめてください。隊長ぉぉぉ!!」と逃げてしまうゲンに、ダンはさらに「ゲン、車に向かって来い。向かって来るんだ!!」と叫びながら、心の中では「逃げるな。逃げるんじゃない。車に向かって来るんだ。カーリー星人に勝つためにはこの方法しかないんだ。跳べ、ゲン。跳ぶんだ、ゲン!」と念じ続ける。

最後にゲンは跳んだ。そして、崖から転がり落ちる。

ちなみに、このとき使用されたジープはブレーキが壊れていて、効きがゆるかったとか。少しのミスで車が滑れば、本当に轢き殺されかねない状況だった。真夏竜があちこちで語っているが、この時の逃げ回っている顔は「殺される」と本気で思った表情であり、もはや演技ではなかったそうだ。ちなみに監督は、東條昭平。

恋人の浮気を疑うウルトラマン

『ウルトラマンレオ』は主人公が徹底的に追い詰められる。特に精神的に。

第一四話「必殺拳!嵐を呼ぶ少年」は、サソリの怪獣アンタレスが出現する。冒頭、レオがアンタレスと戦うが、アンタレスの尻尾の先がレオの肩を突き刺し、レオは倒れた。

アンタレスは、殊の外、尻尾が長い。アンタレスの正面で戦えば、尻尾がアンタレスの頭上を越え、降ってくるように落ちてきて刺さってしまう。

そんなとき、ゲンの通う空手道場に道場破りの少年がやってくる。実は、怪獣アンタレスが姿を変え、おゝとりゲンことウルトラマンレオを倒しに来たのだ。ただし、それをＭＡＣの仲間に言う訳にはいかない。

ダンの命令で、ゲンだけではなく、ＭＡＣの隊員を巻き込んでの特訓が行われる。ところが、ダンは特訓の理由を道場破りの少年がまたやってくるのに備えるとだけしか言わない。もちろん、少年が怪獣アンタレスである事実も知らせられない。

ゲンが、隊員二人を相手に戦う。一人が正面で戦い、もう一人がアンタレスの尻尾のように違う角度からゲンを襲う。特訓の最中に、怪獣出現の報を受けるが、青島と赤石隊員の二人は残ってゲンとの練習を続けるように命じられる。

怪獣が少年のうちなら、被害が少なく倒せるが、それを隊員たちに告げるわけにはいかない。事情を知らない青島と赤石は、たかが道場破りの少年を倒すためになぜゲンの相手をしなければならないのかと疑問に思う。他の隊員たちに犠牲が出ているのにとの気持ちもあり、道場を出る。ゲンは土下座して特訓の相手をしてほしいと二人に頼むが、青島に「いつも特別扱いされているからっていい気になるな」と断られたうえに、仲間の信頼もなくしてしまう。

かつての郷秀樹や北斗星司の場合は、本人の未熟な態度が原因で周囲との摩擦が起きていた。たとえば、北斗星司は何かにつけてひと言多い。本当に見たのかと問われると、「俺の目は二・〇なんです」と神経を逆撫でするようなひと言を付け加える（第一八話）。

それに対して、おゝとりゲンの場合は、本人の責任と言うには酷な話ばかりだ。郷がレーサー兼自動車修理工、北斗はパン屋の運転手で、他人とあまり接しなくてすむ職業だった。しかし、おゝとりゲンはスポーツクラブのインストラクターであり、子供たちに勉強も教えるような、人気もあり慕われてもいる。いわゆる、社会人経験がある。なにより、日常的にコミュニケーション能力を求められている職業についている。それを、モロボシ・ダンの説明が全く無く「とにかく言われた事だけをやれ」と絶対服従の状況下で、肉体的だけでなく精神的にも追い詰められていく作品が『ウルトラマンレオ』なのだ。

そして、それを最も悔しがっているのが、モロボシ・ダンである。

『ウルトラセブン』でのモロボシ・ダンは、心優しい青年だった。あの優しかったダンはどこに行ったのかと思うしかない描写ばかりが続く。ただ、必ず、ダンが心を鬼にしてやっていると知れる描写はある。たとえば第三、四話前後編で、ツルク星人に負けたゲンが瀕死の重傷を負い、行方不明になる。MAC本部のダンのもとに、ゲンが生きているとの電話が入る。死ぬほど心配していたダンは、不自由な足を引きずりながらも、焦る気持ちそのままの早足でゲンのもとに駆けつける。ゲンの部屋に来て、ゲンがベッドに起き上がっているのを見るや、安堵と嬉しさを隠し、「ゲン、私と一緒に来るんだ」とゲンの肩に手をおく。看病している百子が「隊長さん、おゝとりさんはまだ無理です。もうしばらくのあいだ……」と言いかけた言葉をさえぎり、「いや、大丈夫です。」とダンが言う。百子は「見てください。まだ、こんなに冷たい手をしています」と必死に止めようとすると、ダンは「ゲンの身体のことは私が一番わかっているつもりです」と謎の言葉で言い切るだけである。理屈も説明もない。

第六話のジープで追いかけ回して殴り、本当に殺しかねない特訓をやりながらも、心の中では頑張ってくれと叫ぶ。

モロボシ・ダン自身が、自分が変身できればゲンにこんなに厳しくしなくて済むのにと、常に悔しがっているのも、見ていて苦しい状況である。

さて、これが子供にカタルシスを与えるだろうか。『ウルトラマンタロウ』の、明るく楽しく爽やかな空気ははなんだったのか。

なお、アンタレスが化けた少年との戦いは、延々と長回しで空手で果し合いを行う。現在のCGに頼ったビデオ映像では絶対にできない、痛みの伝わる演出となっている。

こうした過酷な空気を和らげるために、城南スポーツセンターの仲間たち、特に恋人を設定したはずだった。だが、その百子の心移りをゲンは疑ってしまう。

第一五話「くらやみ殺法！闘魂の一撃」の冒頭で、百子が道着を洗っている。しかも手洗いだ。ゲンが「自分の稽古着ぐらい、自分で洗うからさ」と照れくさそうに言うと、百子は「おゝとりさんのも洗いましょうか」と訊くので、ゲンは誰の道着なのかと疑問を持ちながら、トオルとカオルを連れて喫茶店に出かけていった。同じ店に百子がやってきて、待ち合わせていた一人の青年と連れだって店を後にする。

直後、フリップ星人出現の報に、ゲンが駆けつけると、星人は百子とさっきの青年、津山を襲おうとしている。ゲンはその津山からMACに星人は倒せないと言われてしまう。

事実、分身の術を使うフリップ星人に翻弄され、どれが本物かわからないまま、レオは戦いに負ける。ところが、津山が星人と戦って追い払ってしまう。

津山の戦いの一部始終を見ていたダンは、ゲンに津山青年に星人に勝つ方法を習ってこいと命令する。自分の恋人が、自分より空手が強い同業者に心変わりしているかもしれないと疑っているときに、当の張本人に頭を下げて習ってこいと言う。

渋々、ゲンが津山の道場を訪ねると、目の前で百子が入っていくではないか。ゲンは引き返し、自分で空手の練習に打ち込む。

フリップ星人の再度の出現にゲンは敗北。しかもMAC隊員に死者が出た。

ダンの「あの星人を逃がしたためにまたどこかで被害者が出る。人の命を救うためにお前が津山君から技を教わることが恥ずかしいことか？ それより身勝手な理由で教わろうともしないで逃げ出すことのほうが、はるかに恥ずべきことじゃないのか？」と、言うのはもっともであるが、ゲンの気持ちなどは全く考えていない。

ゲンは死者を出してしまった責任感で、イヤイヤながらも津山に頭を下げて教えを乞いにいく。

津山は目が見えなかった。盲目ゆえ、星人が分身しても本体がわかったのだ。

ダンが津山の特訓を終えたゲンを試し、「ゲン、見事だ。免許皆伝だ」と喝采を叫ぶ。そして、レオは苦戦したがフリップ星人を倒した。

闘いが終わった後に真実がわかる。百子と津山が親しくしていたのは二人が同郷だったからだ。二人の故郷は第一話でマグマ星人に沈められた黒潮島であった。

ラストシーンでは、ダンがフリップ星人に隊員が殺された場所に花束を手向け、手を合わせる。

しかし、なぜ子供番組で、ここまでやる必要があるのか。

大人の眼から見るとハードすぎるほどのドラマだが、子供の眼から見ると「等身大の通り魔の宇宙人がゲンやMACと戦い、巨大化してウルトラマンレオを倒す。ウルトラセブンの時とは別人のように怖いダンの常軌を逸した特訓でゲンが必殺技を会得。星人を倒す」というパターンの話が、まるまる三カ月続いたのである。ついでに言うと、MACは全戦全敗である。

アンヌ、君の子供なのか?……

戦後三十年、家父長的な価値観が遠くなりつつある時代に、よりによってモロボシ・ダンが課した特訓は、『ウルトラマンレオ』の代名詞となった。だが、「~レオ」のストーリーは、特訓が無い方が過酷である。

第一〇話「かなしみのさすらい怪獣」では、究極の選択を迫られる。

怪獣ロンが地球に現れる。ロンはL77星で、レオのペットだった。ところが、L77星が滅ぼされたあと、ロンは宇宙を放浪し苦労をしているうちに、グレてしまっていた。そして、たどり着いた地球で暴れる。

そんなロンを、ゲンは撃てない。

ゲンが「可愛い奴だった。それがあんなに傷だらけになってしまって。よほど苦労したんでしょう。僕には撃てません」と言えば、ダンは「甘えだ」と一刀両断する。ゲンがさらに「故郷《ふるさと》の星を失った悲しみは誰にもわかりっこありません」と訴えれば、ダンが「一歩間違っていれば、お前もああなっていたというわけか」とゲンの言い分を確認する。ゲンがさらに「あいつにはゆっくりと休める自分の場所も無い。帰っていく家も無い。親兄弟もないんです。そんな奴を……」とロンを弁護しようとすると、ダンは「MAC隊員失格だな」と切り捨てる。

他の隊員からもゲンは「なぜだ」と詰問され、精神的に追い込まれる。モロボシ・ダンの「ヤツはもう、お前のペットじゃない」と言った声がゲンの耳をよぎる。

たとえるならば、東日本大震災で生き別れになったペットが、やっとのことで再会できたと思ったら、長年の苦労の末に狂犬病になって人々を噛みはじめている。かつての自分のペットを自分の手で殺処分しなければならない……といった状況か。

ラスト、ロンは犬になって、地球人カオルのペットになって飼われている。ただ、そこに至るまでの話が、あまりにも息苦しい。この話は後に、映画化もされた。

特訓があってもなくても、過酷な話が続いた『ウルトラマンレオ』だが、遂に視聴率一〇％を切る日が来る。

第一七話「見よ！ウルトラ怪奇シリーズ 狼男の花嫁」は、〝魔の八・九％〟と言われ、ウルトラシリーズ史上初、視聴率一〇％を切った回だった。その第一七話は、大人になると意味がわかる。

ゲンの後輩の野村猛の婚約者冴子《さえこ》は新体操の選手である。練習で夜遅く帰宅したとき、自宅の庭先でウルフ星人に襲われる。ウルフ星人に血を吸われ、身体を乗っ取られた冴子は、夜な夜なウルフ星人の姿で血を求め、若い女性ばかりを襲う。ウルフ星人の使った技が、冴子が新体操で編み出していた技と同じものであったので、ゲンは冴子がウルフ星人ではないかと疑い、連れて行こうとする。猛は冴子を庇い、ゲンを追い返す。

子供にはわけがわからない話だが、大人になると意味がわかる。冴子が強姦魔に襲われた隠喩なのだ。猛からすれば、恋人が身も心も傷を負ったところに、ゲンの言動はセカンドレイプそのものだ。

ＭＡＣの女性隊員の一人、白川隊員がウルフ星人に捕まりそうになって逃げだすシーンなど、これまたウルフ星人が強姦魔だと仄めかす。

この「見よ！ウルトラ怪奇シリーズ」は一度も視聴率一〇％を超えることが無かった。

そして、「シリーズ強化策」と称し、路線変更が次々と繰り返されることとなる。

第二二話「レオ兄弟対怪獣兄弟」から、レオの弟アストラを登場させた。さらに、第二六話「日本名作民話シリーズ！ウルトラマンキング対魔法使い　一寸法師より」にはウルトラマンキングを、第三四話「ウルトラ兄弟永遠の誓い」に帰って来たウルトラマンを登場させる。ほかのウルトラマンを出演させる企画は、それなりに成功し、視聴率も一時、一〇％台を回復した。

『ウルトラマンレオ』は子供向け路線に転換するが、もう子供は見ていない。

『ウルトラマンタロウ』はマニアを切って子供のファンに特化した。ところが『～レオ』はあまりにマニアックな作りで、子供のファンを切り捨ててしまった。そこで原点回帰として『～タロウ』で成功した「ウルトラ兄弟」と「民話」を取り入れた。それが第二六話から第三二話の「日本名作民話シリーズ！」だ。『ウルトラマンタロウ』の世界観が『ウルトラマンレオ』に持ち込まれれば、違和感が生じる。第二六話など、ウルトラマンレオが星人に小人にされ、お椀を船にして川を渡るが、そこに突如現れたウルトラマンキングが小槌を振ればレオが元の大きさに戻るという、民話「一寸法師」をウルトラマンにやらせただけの話だ。このシリーズ、『～タロウ』だったら何の違和感もなかっただろう。

その中で異色作が、第二九話「日本名作民話シリーズ！運命の再会！ダンとアンヌ　狐がくれた子より」だ。民話シリーズの他の話と少し違い、一般に馴染みのない「狐がくれた子」がモチーフになっている。

ダンが、超能力を使う少年の姿をした宇宙人ウリーを追いかけていくと、少年が「ママー」と叫んだその先に、アンヌに似た女性が現れた。ダンは地球でもう一度働くと決まったとき、真っ先に探したのがアンヌだった。ダンはアンヌと再会できたと思い、発した第一声は「君の子供なのか」であった。

ゲンは、ウリーが超能力を使って危害を加えるので、殺そうと銃で撃った。と、そのとき、「撃つな」とウリーをかばったダンの腹に弾が当たってしまう。

後年の同人誌などの裏設定では、ウリーは実はダンとアンヌのあいだにできた私生児だとの話もあったが、本編では全くの謎である。女性がアンヌ本人なのか、ただ似ているだけなのか、どちらともとれる描き方がなされている。そもそも、この話自体が、ダンの白昼夢ともとれる。脚本は阿井文瓶で監督は山本正孝。山本は既婚の女性を和服姿にさせる演出が常だが、この回のひし美ゆり子も和服である。

特訓編のダンはどこへ行ったのかと言いたくなるほど、『ウルトラセブン』の時のダンそのもので、MAC隊長とは思えない。だが、ダンは心優しいダンのままだったのだと、救いがある話にはなっている。

なお、第三〇話「日本名作民話シリーズ！怪獣の恩返し　鶴の恩返しより」に、初回に登場したマグマ星人が再登場する。大学生のファンたちが今のウルトラマンの脚本はおかしいから、マグマ星人を出すべきだと円谷プロに訴え、あっさりと聞き入れられ実現した。

ただ、壮大なスペースオペラでも描かれるのかと思えば、マグマ星人は美人怪獣ローランを我が物にせんとする、単なるストーカーになり下がっている。レオもマグマ星人への復讐など微塵も考えていない。

第二話では、ダンに「お前は、自分の星が全滅させられた憎しみだけで星人と戦ったのではないのか？」と詰め寄られ、「それがいけないんですか⁉」と開き直る緊迫したやりとりも存在したが、そんな空気はもはや無かったことになっている。

この内容なら、マグマ星人を出さないほうがよかったのではないか。むしろ、次節で詳述する、第三八話、第三九話に登場するババルウ星人の代わりに、マグマ星人を出すほうがよかったのではないかとも思える。なにしろ、ババルウ星人はマグマ星人の着ぐるみの改造なのだから。

キーなど問題ではない！――ウルトラマンどうしの殺し合い

第三八話「決闘！レオ兄弟対ウルトラ兄弟」、第三九話「レオ兄弟　ウルトラ兄弟　勝利の時」の前後編は、ウルトラマンどうしの殺し合いを描いた衝撃作だ。

ウルトラの星の軌道を司るウルトラキーが盗まれる。盗んだのは、ウルトラの星を狙い続けていたババルウ星人だと思われたが、犯人はレオの弟のアストラだった。軌道が狂ってしまったウルトラの星は、このままいけば一週間後に地球にぶつかる。

アストラを追いかけて、ゾフィー、ウルトラマン、新ウルトラマン、エースの四兄弟が地球にやってくる。

ダンはウルトラ念力をかけている間に、アストラからウルトラキーを奪えとゲンに命じる。ダンのウルトラ念力に苦しむアストラは、レオに助けを求める。悩んだゲンは、ダンを打ちのめし、レオに変身する。

アストラが盗んだというのは誤解だから時間をくれと頼むレオに、ウルトラ四兄弟はそんな時間はない、「アストラを殺す」と宣告する。レオは話を呑み込めていないが兎にも角にもアストラを庇い、ウルトラ四兄弟を相手に殺し合いをはじめてしまう。必殺技レオキックを、からくもエースはかわす。ウルトラ兄弟たちはレオを倒さねばと決意、ゾフィーは合体光線を放つよう命じる。マンと新マンはスペシウム光線、エースはメタリウム光線。三人の必殺技を受けたレオは倒れ、瀕死の重傷を負う。ここまでが前編。

すると、やおらアストラがウルトラキーをウルトラ四兄弟に向け、撃ち殺そうとする。ウルトラキーは、星一つを破壊する威力がある。

その時、空の彼方からの光線がウルトラキーを真っ二つに割り、叩き落とした。

何でもありのジジイ伝説の超人の、ウルトラマンキングが現れた。「お前たちの目には、その男がアストラに見えるのか」と、その名も〝洗礼光線〟をアストラに浴びせると、ババルウ星人が正体を現した。すべてはアストラに化けたババルウ星人の仕業だったのだ。

ウルトラ兄弟がババルウ星人を追いかけようとするのを、キングは「ババルウ星人などいつでも倒せる」と何の根拠もなく制止。レオを本気で殺そうとした四兄弟を「愚か者」と一方的に説教する。そしてウルトラキーが壊れ、いよいよ二つの星に危機が迫る状況に陥り、「お前たち兄弟が力を合わせてウルトラの星と地球を救わねばならん。早く行け」と、誰の責任かを疑問に思わせる暇も与えず有無を言わせずに兄弟たちをウルトラの星に向かわせる。キングも自分のしでかしたことを無かったことにするかのように去った。

こうしたやりとりの後、キングはウルトラの星に来るように誘うが、ダンは「地球は僕の第二の故郷です」と断る。これまでの戦いで、ダンは帰ろうと思えば故郷に帰ることもできたが、自分の意思で地球に残っていたのだとわかる。ダンはそれほど地球を愛していた。だから、二つの祖国の間で苦悩する。

ウルトラの星の軌道は変えられない。地球人は謎の惑星が地球に衝突しないよう、UN105X爆弾を使って惑星を爆破しようとする。街では「地球に迫る星がウルトラの星らしい」との流言が広まっている。「もしあの星が本当にウルトラの星だったら」と迫るモロボシ隊長に、高倉司令官は「あの星がウルトラの星でないことを祈っているんだ」と答えるしかない。

その頃、意識不明のゲンを百子が懸命に看病している。ダンが「もうすぐ地球が星とぶつかるかもしれない。みんな大騒ぎしているのに、あなたはこんなに冷静だ」と言えば、百子は「地球が壊れてしまうのなら、何をしていても同じことです。だったら、私はお、とりさんのところにいてあげたいんです」と、うなされているゲンの汗をぬぐう。

意識を取り戻したゲンがMACステーションに戻り、「隊長、あなたは自分の手でウルトラの国を壊そうというんですか。あなたはウルトラ兄弟を裏切ろうというんですか」と問い詰めれば、ダンは「私は地球を守るMACの隊長なんだ」「わかってくれ。俺はもはやセブンではない」

と苦悩を吐露する。

やりようのない絶望的な空気が流れる中、MACの通信に北極星からのかすかな電波が届く。実は、本物のアストラは捕らわれて北極星に閉じ込められていたのだ。助けを求める電波が届いた。レオは急いで北極星に飛ぶ。

アストラを助け出し、レオ兄弟が地球に戻りウルトラダブルスパークを放つと、ウルトラキーは元に戻った。ババルウ星人が阻止しようとするのをかいくぐり、アストラがウルトラの星にウルトラキーを届ける。そして、レオはババルウ星人を激闘の末に倒した。

地球とウルトラの星を救ったレオとアストラ兄弟が、ウルトラ兄弟として認められる。ダンはウルトラマンキングがそう伝えてきたと、ゲンに伝えた。ゲンは夕空に向かい、「おーい、アストラ〜！　俺たちはウルトラ兄弟になったんだぞ〜！」と叫ぶシーンで終わる。

この回で終わっていれば、大団円だったのだが。

なお、この時のウルトラマンキングの行動には大きな疑問符が付く。なぜウルトラキーを壊したのか。確かにあそこで偽アストラ（ババルウ星人）にウルトラキーを使わせていればウルトラ兄弟は殺され、地球は吹っ飛ばされていた。結果論ではレオ兄弟の活躍で事なきを得たが、地球とウルトラの星が衝突していたら、どうするのか。ちなみに、ババルウ星人は陰謀力だけでなく戦闘力も高く、簡単な相手ではない。

長らく「突っ込み回」と言われてきたが、どうだろうか。

- 大不祥事で亡国の危機に至る。
- 敵のスパイに騙されて味方を殺しかける。
- 嘘と真実の区別がつかなくなる。

現実の歴史でも大日本帝国は、世界最強の陸海軍力を持ちながら、満洲事変以後は世界中を敵に回し、毒を薬と言いくるめるようなスパイの跳梁跋扈を許し、日本人どうしで誰が敵か味方かわからなくなり真実が見えなくなった。そして滅んだ。

何が真実かわからなくなり、仲間を信じられなくなるほうが、よほど恐ろしい。

現在の日本人もコロナ禍で、「マスクをすべきか否か」「ワクチンを打つべきか否か」「経済を自粛すべきか否か」など、完全に宗教戦争の如く分断されている。

キングがウルトラキーを叩き折るまで、ウルトラ兄弟はウルトラマン（神にも等しい超人）ではなくなっていた。

キングの伝えたかったのは、確かにウルトラキーは大事だが、それ以上に何が真実かわからなくなり、ウルトラマンどうしが信頼を無くして、殺し合いをする事態に追い込まれた方が、大問題だということなのだろう。

本当にMAC全滅、仲間も空襲で死亡

続く第四〇話「恐怖の円盤生物シリーズ！MAC全滅！円盤は生物だった！」は、冒頭、森次晃嗣のモロボシ・ダンが髭を生やしているので、相当、時間が経っている状況が示唆される。前回の話の直後でないのが救いではあるのだが。

突如として、円盤生物シルバーブルーメがMACステーションを襲撃し、MACステーションは食べられてしまう。誰も脱出できない。ダンはゲンだけを逃がし、自分はMACステーションと運命をともにする。

話はそこで終わりかと思いきや、シルバーブルーメは地球を急襲し、百子、カオル、猛を殺してしまう。野戦病院さながらの状況の中、ゲンが壁に張り出された死亡者名簿に三人の名前を見つける。

この回のレオは怒り狂っている。レオはシルバーブルーメの喉元から、吐瀉物《としゃぶつ》にまみれたマッ

キー2号の残骸をえぐり出す。返り血ならぬ、返り吐瀉物を全身に浴びながら戦っている。

ゲンは、トオルと二人きりになってしまった。前半は途轍もなく壮絶な話であり、しかもウルトラ兄弟は誰も助けにきてくれない。前回ラストの「おーい、アストラ〜！　俺たちはウルトラ兄弟になったんだぞ〜！」は何だったのか。

この回の前半でレギュラーが全滅、後半はホームドラマになる。舞台は、ゲンとトオルが寄宿する美山《みやま》家。美山家とは女ばかり三人の家族で、当時のホームドラマの常連三人の女優が演じる。春川ますみが母親の咲子で看護師、奈良富士子が女子大生のいずみで姉、そして子役の杉田かおるが妹のあゆみでトオルと同い年、といった設定である。

こうして、「恐怖の円盤生物編」が始まる。

〝恐怖の円盤生物シリーズ！〟は、ブラックスターから送り込まれた怪人ブラック指令（演・大《おお》林丈史《ばやしたけし》）が、毎回、円盤生物を呼び寄せてはレオと戦わせ、レオが撃退する話である。

ちなみに、敵が円盤になった理由は、怪獣の縫いぐるみ役者を一人に節約するためであり、予算の関係である。

第四〇話のサブタイトルに「ＭＡＣ全滅」と入っている。それまで、サブタイトルでいくら「死す」「死刑」「全滅」などと言っていても、本当にそうなってしまったためしがなかった。レオの第四〇話では、本当に全滅したので、当時の子供たちは衝撃を受けた。MAC全滅も、当然予算不足のあおりを受けての設定であった。MACが全滅してからは、レオと円盤とホームドラマになってしまう。

ホームドラマ化が顕著になるにつれ、『ウルトラマンレオ』で第二の主役ともいうべき、トオル少年がクローズアップされる。トオルはもともと、父子家庭だったところに、第三話で父親が目の前で、通り魔ツルク星人に殺され、ここへきて、妹カオルも空襲で殺された。毎回のように試練を乗り越えてきたが、次々と不幸が襲う。

『帰マン』の次郎少年もそうだが、トオルのような孤児《みなしご》が心優しい家族に受け入れられる事自体が、お伽話そのものである。現実は核家族化が進み、そうした話が既になくなっている時代だが、敗戦直後には珍しくもなんともなかった。敗戦二十五年、戦争が遠くなっていく時代である。

天涯孤独になったトオル少年はどんどん、精神的に追い詰められていく。

第四五話「恐怖の円盤生物シリーズ!まぼろしの少女」で、フランス人形を抱きかかえる可愛い少女マユコに遭遇し、トオルは年頃が「カオルぐらいだったね」と、亡くした妹のカオルを重ね合わせる。ところが、そのマユコは円盤生物ブリザードだった。

第四九話「恐怖の円盤生物シリーズ！死を呼ぶ赤い暗殺者！」では、円盤生物ノーバに付け込まれてしまう。ゲンが授業参観に来られなくなったことでトオルは怒りを爆発させ、ノーバに取り憑《つ》かれた。父、母、そして妹のカオルの幻影を見せられたトオルは、街を夢遊病者のように彷徨《さまよ》う。ノーバはトオルに自分を運ばせながら、街中に赤い猛毒ガスを撒き散らす。ガスを浴びた人間は暴れ出し、人々が争い合う。

騒動の中心にされ警察に射殺されそうになるトオルを救ったのは、新しい家族の美山家の人々だった。咲子に息子として、いずみに弟として迎えられ、トオルは救われた。

なぜ、そこまでトオルが追い詰めなければならないのだろうかと、思わずにはいられない。

そしてウルトラシリーズは、打ち切りが決まった。その最終月の三月に放映された最終回に至る第四八話からの三話は、『ウルトラマンレオ』の特徴である、ハードなドラマの連続だった。

第四八話は、おゝとりゲンの昔の友人ヒロシが写真展を開く。ヒロシは三年前、恋人アツコを裏切り、カメラマンになって大成していた。今は他の人と結婚したアツコは赤ん坊を連れて、ヒロシの写真展にやってくる。

写真展が開かれているビルが、円盤生物サタンモアに襲われ、高層ビルがパキッと割れる。レオはアツコと赤ん坊をはじめ、人々をなんとか脱出させようと、割れたところから折れそうになるビルを支える。サタンモアはビルを支えて動けないレオを容赦なく攻撃する。

カメラマンのヒロシは、昔捨てたアツコとその赤ん坊を助けて、自分は死んでしまう。

すでに打ち切りが決まっているので、好き勝手にやっている感がある。

このころの予算難がどれくらいのものだったのかは、第四九話に登場するノーバを見ればよくわかる。ノーバはただのテルテル坊主であり、真っ赤なカーテン一枚でできた怪獣だ。

レオがいないほうが、この地球は平和なんじゃないかしら

〝恐怖の円盤生物シリーズ！〟は、ブラックスターからブラック指令が円盤生物を呼び寄せ、次々と怪奇現象を起こす。ダン隊長以下MACの仲間を失ったおゝとりゲンは、孤独な戦いを続ける。ちなみに防衛隊は存在するが、戦力になっていない。

そして最終回一話前になり、ウルトラマンレオは〝憲法九条〟によって殺されてしまう。

第五〇話「レオの命よ！キングの奇跡！」の冒頭で、ブラック指令に星人ブニョ（演・蟹江敬三）が次の刺客として名乗り出る。名前の通りブニョブニョした顔で、溶けることもできる。ブラック指令もまったく当てにしなかったが、ブニョ本人は自信満々である。

ある日、夕食を終えた美山家で、片付けをしながら、いずみが「ねえみんな、レオのこと、ど

う思う?」と問いかける。あゆみが「地球を守るウルトラマン」と無邪気に答えたのを、「そんなことじゃないの」と否定して、「私、思うんだけど、レオがいないほうが、この地球は平和なんじゃないかしら」といずみは自分の思うところを言う。トオルが「そんなことないよ。レオがいなかったら、この地球は今ごろ、ブラックスターのものになっているよ」と切り返しても、いずみは「そうかしら。あたしはブラックスターが狙っているのは、この地球じゃなくて、レオなんじゃないかなと思うの。だから、次々に変なことが起こるじゃない」と言いだす。

いずみには、まったく悪気が無い。憲法九条の〝平和主義〟において支配的な、「自衛隊がいるから日本が危険になる」思想と瓜二つで、何も考えない日本人の平均的な思考なのだ。

会話に割って入るように、母の咲子が勤務先の病院から呼び出しの電話を受ける。罠とも知らず病院に出かけていった咲子は、ブラック指令と星人ブニョに捕らわれてしまう。

ブニョは、咲子が人質にとられて手出しできず、精神的に動揺するウルトラマンレオを捕らえる。そして冷凍し、ノコギリで身体をバラバラに切ってしまう。

このあとは、なんでもありのジジイウルトラマンキングが現れて解決するのだが、そうでなければ十年続いたウルトラシリーズは自衛隊が憲法九条思想に敗北した現実を見せつけたところで終わったことになる。

しかも、この回のレオはノコギリでバラバラにされてしまった。土の上に転がっているレオの首は、悪夢としか言いようがない。レオの両手を縛って痛めつけるブニョの「長い間ご苦労だったなぁ！」というセリフは、ウルトラシリーズの終焉をあざ笑う悪役にしては冗談にもなっていない。

レオを殺し、巨大化したブニョが暴れ回る中、トオルが「おゝとりさんはいない！　レオも死んだんだ！　逃げたってしょうがないよ！」と叫ぶと、咲子が「みんなで家《うち》の中で待ってましょうね」と、いずみやあゆみと一緒に家に入る。

圧倒的に巨大な力に踏みつぶされそうな小さな家族が、肩を寄せ合って死を覚悟する場面は、ある種の救いだ。ふざけた外見と態度の侵略者に家族に等しい仲間との絆を断ち切られて、ただ生きるためだけに逃げ惑うのと、大事な人を慣れ親しんだ家で待ちながら一緒に死ぬのと。果たして、どちらが人間らしい生き方だろうか。

『ウルトラマンレオ』は「生きる厳しさと哀しさ」を突きつけてきた。生き方とは死に方でもあるのだ。

お腹の空いた時の辛さや、自分の足で歩いて知らないところへ行くことがどんなに大変なことか、自分で確かめるんだ

ウルトラシリーズは、現実を描いたお伽話だ。現実にはあり得ない存在がウルトラマンキングだ。

第五〇話「レオの命よ！　キングの奇跡！」で、キングが、

レオよ。お前はまだ死ねない。地球の人間が一人でもお前を欲している間は、死ねない。辛くとも、まだ戦わなければいけないのだ！

と、キング再生光線[注8]を放つと、レオの体は結びつき生き返る。

長いシリーズを経て、ウルトラマンは擬人化された。良くも悪くも、神話性が薄れた。だから最後にウルトラマンをもはるかに凌駕する、神の如き存在のウルトラマンキングが必要とされたのだ。[注9]その後のシリーズでも、キングとウルトラ兄弟の能力は、ウルトラ兄弟と地球人以上に隔絶している描き方をされている。

第五〇話は石油ショックと経済危機、そして憲法九条に負ける、戦後日本を象徴するような終わり方である。『ウルトラセブン』は高度経済成長期に日本の防衛力が頂点に達した池田内閣の防衛意識が反映されていたが、『ウルトラマンレオ』は高度経済成長が終わり防衛費をGNP一%枠に押し込めた三木武夫内閣の空気を象徴するかのような作品だ。

そして迎える最終回、第五一話「恐怖の円盤シリーズ！さようならレオ！太陽への出発《たびだち》」で、ブラック指令が最後の円盤生物ブラックエンドを呼び寄せた。

ブラックエンドが出現したとき、トオルはレオが現れて助けてくれると、自分の力で戦うのを拒否するようになっていた。かつての『ウルトラマンタロウ』の健一と同じだ。

父や妹が殺された時、自分の手で敵討ちをしようとしたトオルも、度重なる試練と圧倒的な強大な力の前に、心がくじけそうになっていた。

そんなトオルにゲンは諭す。

お腹の空いた時の辛さや、自分の足で歩いて知らないところへ行くことがどんなに大変なことか、自分で確かめるんだ。

そこにブラックエンドが襲い掛かる。トオルは生き延びようと必死で逃げる。何度もくじけそうになるが、そのたびに立ち上がった。そして力尽きる。

そんなトオルにゲンが手を差し伸べた。

おゝとりゲンは自分の正体を明かし、ウルトラマンレオに変身する。

レオがブラックエンドと戦っている最中、トオルとあゆみ、そして仲間の大勢の子供たちが黒幕のブラック指令の命の源の水晶玉をその手から奪うと、ブラック指令は溶けていく。子供たちが自分たちの力でブラック指令を殺した。

レオはブラックエンドを倒したあと、レオビームでブラックスター本体を破壊する。最初は光線技が苦手だったレオが、最後は星を一つ破壊する力をつけるまで成長していた。

おゝとりゲンは見送る美山家の皆とトオルに別れを告げて、出て行く。そして、真夏竜の歌う『星空のバラード』が流れる中、ヨットに乗ったゲンをトオルは走りながら見送る。

一九七五年三月二十八日が、『ウルトラマンレオ』の最終回である。第二期ウルトラシリーズは終わった。

それに先立ち、『毎日新聞』が同年三月十三日付の夕刊で「さよならウルトラマン　ウルトラ世代10年　桜の花ビラを肩にレオは去って行く」と題した記事を載せた。無記名の記事である。

記事の右端には、番組になった『ウルトラマン』から『ウルトラマンタロウ』まで歴代ウルトラマン五人の写真も掲げている。

記事は「外野の一人」の「あれはやっている大人たちの積木遊び」との意見を引用しながら、「ほんとは大人たちが集まって、みんなでおもしろがっていたのだ。そして積木がこわれたのだ」と締めくくる。

同じ記事の中で、小学館の学年誌の編集者上野明雄の言が紹介されている。上野は「物心ついたときから中高校生になるまで、日用品、オモチャ、学用品、衣類と、すべてウルトラで育ったウルトラ・エージというものがたしかにある。年配の人が酔うと軍歌が出るように、彼らが成人したときは、酔えばウルトラマンの歌を歌うだろう」とほぼ確信している。

果たして、「積み木」は壊れたのだろうか。

【注1】『テレビマガジン特別編集　ウルトラマン大全集Ⅱ』（講談社、一九八七年）一四四〜一四五頁。副題は一四六頁に企画書の写真。
【注2】同右、一四五頁。

【注3】『心にウルトラマンレオ　検証・第二次ウルトラブーム』（辰巳出版、二〇〇一年）一九二頁。

【注4】『ウルトラマンレオ大百科』（勁文社、一九九一年）一三六頁は、第二五話までを特訓編とする。一六話から三九話までは過渡期があり、試行錯誤が繰り返された。

【注5】この曲は『ウルトラマンタロウ』では、第四八話で酔っ払った怪獣ベロンを寝かせるために子供たちが歌う、非常にコミカルな場面でしか使われていなかった。

【注6】真夏竜さんに、このセリフをカラオケで言ってもらったことがある。大感謝。

【注7】打ち合わせ中にPHP担当白地が「昭和ですね」と言っていたが、昭和時代でも許された話ではない。

【注8】円谷プロ監修『ウルトラ戦士超技全書』（小学館、一九九〇年）一〇四頁。

【注9】マレーシアでは、ウルトラマンキングは「アラー」になぞらえられていると、発禁処分になったことがある（『東京新聞』二〇一四年三月八日付）。『ウルトラマンジード』（二〇一七年）では、宇宙そのものを再生させており、まさしく神として描かれている。

第七章

ウルトラマン80

――日本「特撮」の金字塔――

弾圧され続けた作品

一九八〇年代を代表するヒーローだから、80。ところが、『ウルトラマン80《エイティ》』を最後に、「円谷プロの幹部はＴＢＳ役員室に出入り禁止」がＴＢＳ歴代社長の申し送り事項となってしまった。[注1] テレビ放映でウルトラシリーズが復活するのは、一九九六年。『〜80』放送終了から、十五年後になる。

作品内容に関しても、長らく低評価だった。だが、文化は、弾圧されるほど強くなる。

たとえば、宗教である。あらゆる宗教は、新興宗教の時が最もエネルギーがある。宗教が「新興」ではなくなり文化として体制側に定着した時、エネルギーはなくなっている。そして弾圧される時こそ、その宗教の真価が問われるのが常だ。

特撮も同じで、世間から白眼視され続けてきた。そもそも、「子供番組」自体がテレビ局の中では地位が低く、大人の鑑賞に堪えうる作品とはみなされていなかった。そして決定的な事件が、一九八九年に発覚した宮崎勤事件である。連続幼女殺人事件の犯人が熱狂的な特撮マニアであったことで、特撮やアニメ作品そのものが有害であるとの運動が盛んとなった。そして差別用語としての「オタク」が定着した。今や「オタク」は日本を代表する文化、ソフトパワーと認識されているが、世間からの偏見や弾圧を乗り越えているのだ。なお、「オタク」の語は発明者が中森明夫で普及者が岡田斗司夫である。[注2]

差別は差別を生み、被差別者内での差別も存在する。たとえば沖縄出身の上原正三は、那覇の人々の周辺の島々への差別に違和感を抱いていたとか。[注3]

ウルトラファンの間でも、『ファンタスティックコレクション』に代表される「第一期シリーズ」至上主義とも言うべき論者たちは、『帰ってきたウルトラマン』以降のシリーズをほぼ全否定している。[注4]そうした評価を決定的に覆したのが、切通理作のデビュー作『怪獣使いと少年』であり、『ウルトラマンエース』に関する評論としては今に至るまで最高峰であろう。だが同書においても、『ウルトラマンタロウ』以降の作品については言及されていない。[注5]ただ、第二期シリーズの再評価の試みは何度も行われた。その代表が「タツミムック」の「検証・第2次ウルトラブーム」シリーズである。[注6]同シリーズは、『ファンコレ』が確立した通説に対し、カトリックに抵抗するプロテスタントの如き〝宗教的信念〟にも似た論陣を張る。

そして、『君はウルトラマン80を愛しているか』において第三期シリーズ、というより『80』の再評価に踏み込んだ。[注7]

現在では、『ウルトラマン80』は「日本特撮史上の金字塔」と目されている。何を「特撮」とするかの定義にもよるが、本章で縷々説明する理由により、至当な評価と言える。また、全五〇話において苦戦の連続だったので印象は薄いが、今では「勝率百％のヒーロー」と評価されている。[注8]

では、なぜ『ウルトラマン80』は酷評され続け、そして再評価されたのであろうか。

五年間に何があったのか

一九七五年三月二十八日の『ウルトラマンレオ』の最終回で、「ウルトラシリーズ」は幕を下ろす。

円谷プロは『～レオ』と同時期に、『SFドラマ　猿の軍団』（一九七四年十月～一九七五年三月、TBS）を制作していた。SF作家の小松左京・豊田有恒・田中光二が原作で、日本人への差別が露骨なアメリカ映画『猿の惑星』への対抗が意識された意欲作だった。しかし、フジテレビのアニメ『アルプスの少女ハイジ』の前に視聴率で敗れ去った。

フジテレビは『ハイジ』の成功の後、翌年から『フランダースの犬』『母を訪ねて三千里』など海外の名作小説を原作としたアニメを、二十三年連続送り出していくこととなる。ちなみに、ハイジには『宇宙戦艦ヤマト』（日本テレビ）も視聴率競争で敗れ、半年で打ち切りとなってしまう。

一九七五年三月、円谷プロはすべてのテレビ作品の放映が終了した。その後は、多くの実験的な作品を制作し続ける。

たとえば、『プロレスの星 アステカイザー』（一九七六年十月～一九七七年三月）の主人公は、プロレスラーである。第一話には、アントニオ猪木が登場している。また、若手時代の佐山聡《さとる》（初代タイガーマスク）も何度か出演している。[注9] 原作は永井豪と石川賢の漫画で、主人公のアステカイザーがサイボーグプロレスラーを率いるブラック・ミストと戦うストーリーである。このプロレスシーンだけがアニメであり、実写では不可能な動きを再現していた。

逆に、「恐竜シリーズ三部作」のうち、『恐竜探険隊ボーンフリー』（一九七六年十月～一九七七年三月、NET）と『恐竜大戦争アイゼンボーグ』（一九七七年十月～一九七八年六月、東京12チャンネル）は人間のドラマがアニメで、恐竜とメカを中心とした特撮は実写だった。三作目の『恐竜戦隊コセイドン』（一九七八年七月～一九七九年六月、東京12チャンネル）では、人間のドラマも含め全編実写作品にした。

アメリカのSF作家エドモンド・ハミルトン原作の『スターウルフ』（一九七八年四月～九月、日本テレビ）は、前年にアメリカでメガヒットとなった『スターウォーズ』が意識された。CG

（コンピューター・グラフィックス）を多用した技術は、一年後に日本でも公開されるまで、現地で見たファンの噂でその斬新さが伝わっていた。「特撮」とは違う、「ＳＦＸ」が意識されるようになった。

アニメとＳＦＸの挟撃にさらされて、日本特撮の雄である円谷プロは岐路に立たされていた。

この事情は東映も同じだった。『仮面ライダー』シリーズは「ウルトラシリーズ」ほど特撮に予算がかかる訳ではなかったが、曲がり角に立っていた。

『仮面ライダー』シリーズは、大阪の毎日放送の制作だった。この頃の毎日放送は朝日新聞を親会社とするＡＮＮ系列だった。逆に大阪の朝日放送は、毎日新聞を親会社とするＪＮＮ系列（ＴＢＳ）だった。いわゆる「腸捻転」である。これを郵政大臣経験者で電波行政に詳しい時の総理大臣の田中角栄が政治力で解消し、一九七五年四月からは「ＴＢＳ―毎日放送」「ＮＥＴ―朝日放送」のネットワークに再編された。結果、仮面ライダーシリーズは『〜アマゾン』をもってＮＥＴでの放映を終了、『〜ストロンガー』はＴＢＳで放映されることとなる。

そこで番組枠が空いたＮＥＴが東映と企画した新たな特撮番組が、『秘密戦隊ゴレンジャー』である。「ウルトラシリーズ」にしても「ライダーシリーズ」にしても、人気回は客演回である。ならば最初から複数のヒーローを出しておけばよいではないかとの発想で、五人のヒーローがレギュラーの『秘密戦隊ゴレンジャー』だった。

ゴレンジャーは一九七五年四月から一九七七年三月まで二年に及ぶ長寿番組となり、現在に至る「戦隊シリーズ」の祖とされている。ただ、試行錯誤もあった。そもそもヒーローが五人では一人一人のヒーローの強さが際立たない。つまり「五人いなければ何もできない」との印象を与えてしまう。「ゴレンジャー」も最初はスパイドラマを基本としていたが、途中からコメディになってしまう。テレビのほうが路線変更して人気が出ると、原作のほうも方針が変わる。原作者石ノ森章太郎が小学館の雑誌でマンガ『秘密戦隊ゴレンジャー』を連載していたのが、タイトルを『ひみつ戦隊ゴレンジャーごっこ』と変え、ギャグ漫画になってしまった。

東映の「ライダーシリーズ」「戦隊シリーズ」は、厳密には特撮よりもアクションが重視されている。だが、円谷プロのスタッフ（たとえば佐川和夫や東條昭平）の参加、逆に東映の矢島信男が『ウルトラマンタロウ』『レオ』の特撮監督を務めることで、円谷の技術が東映にも流入していくこととなる。『スパイダーマン』で巨大戦艦、『バトルフィーバーJ』では巨大ロボットを登場させて以降は、アクションとともに特撮が紛れもなく東映の二大看板となっていく。ライダーシリーズも、一九七九年十月に復活した『仮面ライダー（新）』以降は、従来の作品よりも特撮パートが充実している。

一九八二年三月からの『宇宙刑事ギャバン』にはじまる「宇宙刑事シリーズ」（メタルヒーローシリーズとも）は、ＪＡＣ（ジャパンアクションクラブ）のアクションに加え、前面に出されるメカニックと多用される光学合成で、新たなシリーズを生み出していった。

こうした流れの中で円谷プロでも、「再びウルトラシリーズを」との声が盛り上がっていく。映画では、過去の作品を再編集したマニア向けの『実相寺昭雄監督作品ウルトラマン』がウルトラマンレオ第一〇話「かなしみのさすらい怪獣」と、新規撮影部分を含めた子供向け娯楽作品『ウルトラマン怪獣大決戦』が同第二二話『レオ兄弟対怪獣兄弟』と併映で公開され、好評だった。さらにタイでのみ公開されていた『ウルトラ6兄弟VS怪獣軍団』が立て続けに公開された。

特撮への飢餓感は、頂点に達していた。

目指す理想を間違えた作品の裏では……

海外から、スティーブン・スピルバーグの『未知との遭遇』やジョージ・ルーカスの『スターウォーズ』のような、予算を贅沢に使ったＳＦＸ映画が到来したことは、円谷や東映の技術者たちを刺激した。職人は当然、「予算さえあれば、自分たちも勝るとも劣らぬ作品を作れる」との意を強くする。

日本の特撮が曲がり角であった時代に、『マジンガーZ』にはじまるアニメブームが到来、『宇宙戦艦ヤマト』が再放送以降は大ヒット。そして、一九七九年に放映の『機動戦士ガンダム』も再放送以降は大ヒット。単に映画化されるだけでなく、キャラクター商品も空前のヒットとなった。作中にはモビルスーツと呼ばれるロボットが登場し、それぞれがプラモデル化された。ガンダムのプラモなので、「ガンプラ」。かつて、ウルトラシリーズの怪獣たちがソフビ人形で大ヒットとなったように、ガンプラがおもちゃの主役となった。

アメリカのSFX、アニメ、東映。特撮の雄である円谷プロを脅かす強敵を前に、「ウルトラシリーズ」の復活の際に立てられた企画が、『ザ☆ウルトラマン』。アニメである。

『ザ☆ウルトラマン』は一九七九年四月四日から一九八〇年三月二十六日までの一年間、TBS系列で放送された。アニメはサンライズ制作で、「ガンダム」とまったく同時期である。

確かに、脚本は充実していて、特撮では金がかかりすぎたり、物理的に不可能だったりする動きも再現している。後半は、ウルトラ一族と叛逆者へラー軍団が宇宙で艦隊決戦を繰り広げる、実写では明らかに映像化不可能な大スペクタクルだ。音楽は、ウルトラシリーズ常連の宮内國郎と冬木透。壮大な音楽が作品の重厚感を増す。なお、次回作の『ウルトラマン80』でもBGMが多数流用されている。

しかし、第二期ウルトラシリーズを認めないファンが、『ザ☆ウルトラマン』などを認めるはずがない。第二期第三期シリーズに批判的な『ウルトラマン白書』は、作品の質を認め、「頭の固い特撮ファンには不評だった」としつつも、「実写のウルトラマンを見慣れているファンの目には、軽すぎる印象を与えてしまう」と酷評している。[注10] 円谷プロには実写作品を望む声が多く寄せられた。[注11] なお、『ザ☆ウルトラマン』の平均視聴率は一一・一%。悪くはないが、爆発的な数字ではない。

そして、『ウルトラマン80』が企画された。

プロデューサーは、円谷側が社長の円谷皐と重鎮の満田穧、TBS側が野村清。

メインライターは、阿井文瓶、旧シリーズ以来の若槻文三と石堂淑朗、この三人で二八話、他に山浦弘靖や平野靖司も参加している。

メイン監督には大映『ガメラ』シリーズの湯浅憲明で、旧シリーズ以来の深沢清澄・野長瀬三摩地・外山徹、この四人で三九本を担当している。特に最初の一四話は、湯浅と深沢だけで回している。東條昭平も四話、満田穧も最終回の一話を監督している。

特撮監督は、高野宏一・佐川和夫・川北紘一。この三人で四八話。高野が二七話、佐川が一七話、川北が四話を担当している。

八〇年代のヒーローだから「80」。それはさておき、物議を醸したのが設定だ。「80」は、主人公が教師だった。

当時、TBSでは『3年B組金八先生』が大人気だった。これに円谷のスタッフは反対したが、TBS側のプロデューサーが一方的に押し付け主導したとのこと。この人物は後に視聴率不振の責任で更迭されたとか。[注12]本格的な特撮を望んだファンを最初から敵に回すこととなる。

比較検討用脚本に書かれたコンセプトは、「君にもなれるウルトラマン」とされた。[注13]かつて『ウルトラマンタロウ』は、阿井文瓶による脚本の第二六話「僕にも怪獣は退治できる！」をもじり、「君にもタロウの脚本は書ける」と罵倒された。これでは最初から目指す理想が完全に間違っている。第二期シリーズで最も多く脚本を担当した田口成光も「80」に一話だけ参加しているが（第七話）、「あの先生という設定だけはあまり感心しませんでした」と批判的だ。[注14]

それどころではない。メインライターで企画書も書いた阿井文瓶すら、「先生」の設定には批判的だ。阿井はインタビューに「金八が大嫌い」と答え、先生であるならば金八のような子供とタメ口をきくような教師であってはならない。準備稿では、「人間としての正しさを教えるウルトラマン先生」を提言したが、まったく容れられなかったとか。[注15]

こうして一九八〇年四月二日から、『ウルトラマン80』は毎週水曜日十九時に放映される。しかし、裏番組に『ベルサイユのばら』（一九七九年十月十日〜一九八〇年九月三日）、リメイクされた『鉄腕アトム』（一九八〇年十月一日〜一九八一年十二月二十三日）や『がんばれ元気』（一九八〇年七月十六日〜一九八一年四月一日）といった強力なアニメ番組があり、視聴率的にも苦戦していく。

兵器は充実しているが、平和ボケしているUGM

では実際、『ウルトラマン80』は、どのような作品なのだろうか。

全五〇話は、先生編（第一話〜第一二話）、UGM《ユージーエム》編（第一三話〜三〇話）、子供編（第三一話〜四二話）、そして、ユリアン編（第四三話〜最終回第五〇話）と、四つに分けることができる。[注16]

『ウルトラマン80』の舞台は、おそらくウルトラマンレオがブラックエンドを倒してから後の時代であろうか。五年間、地球は平和であった。

地球防衛軍の一組織として極東エリア基地の地下に、UGMと呼ばれる怪奇現象、怪獣を専門とする防衛チームが結成されている。UGMとは、Utility Government Membersの略称である。

オオヤマ一樹キャップは、UGMの隊長だ。彼がMACに所属していたかどうかは全く語られていないが、地球防衛軍にはいた。実際に怪獣と戦った経験があるのはオオヤマキャップだけであり、若い隊員たちは怪獣を知らない。

第一話「ウルトラマン先生」で、怪獣出現の予兆にオオヤマがパトロールに出かけるのに、残った三人の若手隊員たちはテレビゲームに興じるありさまが描かれる。

平和ボケの時代である。

現実の世界では既に一九七九年、革命でパーレビ王朝を倒しイスラム原理主義政権を樹立したホメイニ師は十一月にイランアメリカ大使館人質事件を起こし、十二月にソ連はアフガニスタンに侵攻、こうした事態を受けてアメリカのジミー・カーター大統領はそれまでの対ソ融和姿勢を転換した。そして一九八〇年にロナルド・レーガンが大統領になり、[注17]アメリカはソ連を打倒しにいこうという意識が鮮明になる。日本でも後に首相となる中曽根康弘が追随していった。

UGMは、当時の鈴木善幸内閣の防衛意識を反映しているのか、安全保障に対する危機感が薄い隊員が多い。しかし徐々に、アメリカがソ連を潰そうとしているときに、日本の防衛意識が高揚しはじめていくのを、先取りしていたかのような作品と化す。

怪奇現象が続き、怪獣が出そうになるので、ウルトラマンがすでに地球に来ている。それが、矢的猛《やまとたけし》（演・長谷川初範）である。帰ってきたウルトラマンが同じ理由で地球に来たとき、勇敢な青年郷秀樹を見つけて一体化したのとは異なり、ウルトラマン80は最初から人間・矢的猛になっている。矢的猛が80と別人格であるという描写はない。

矢的猛は桜ヶ岡中学の理科の教師で、一年E組の担任である。クラスの子供たちと一緒に怪獣が現れた痕跡を調べているとき、同じように調査中のオオヤマキャップに出会う。互いに同じ現象に着目していた。矢的はオオヤマからUGMにスカウトされ、中学校教師とUGM隊員の二足のわらじを履くことになる。

矢的猛が務める桜ヶ岡中学の校長を坊屋三郎、見るからにオールドミスの教頭を和田幾子、同僚の女性で、体育の教師をNHKの少年ドラマシリーズ『タイムトラベラー』で有名だった浅野真弓（旧芸名は本名の島田淳子）が演じ、子供たちとの交流ドラマが描かれる。

UGMのメンバーは、中山仁がオオヤマキャップを演じる。オオヤマキャップはほとんど基地の中で司令を出しているか、戦闘機に乗っているかで、外に出るロケが少ない。

UGMの隊員は第一話でテレビゲームに興じていたのは、ハラダ隊員（演・無双大介）、タジマ隊員（演・新田修平）、そして、石田えりが演じる紅一点の城野《じょうの》エミ隊員。

第一四話から、大門正明が演じる副隊長格のイトウチーフが登場する。

ハラダ隊員、タジマ隊員の二人が第二六話を最後に、オーストラリアゾーンに転任するとの設定で交代するが、最終回第五〇話で再登場する。転任した二人の隊員に替わって、第二七話からフジモリ隊員（演・古田正志）、イケダ隊員（演・岡本達哉）が登場する。

ＵＧＭが有する戦艦スペースマミーは、全長一五〇メートルにも及ぶ超巨大戦艦で、戦闘機スカイハイヤーとシルバーガルを搭載可能。デザインはスカイハイヤーは見た目こそ普通の戦闘機であるが、折り畳むと戦車になる。しかし、実践で戦車として使われたことは一度もない。もっとも、戦闘機が折り曲がって戦車になるなどは、物理的にあり得ないが。

一方、戦闘機のシルバーガルは、上部のアルファ号と下部のベータ号に分離する。シルバーガルはどう考えても、航空力学的に飛ぶはずがない形をしている。別々に戦闘機を作ればいいものを、なぜ、アルファ号とベータ号を上下に載せる必要があるのか。

しかし、これが子供受けするし、オモチャ向きだ。そうした仕様のオモチャで遊べば、折り曲がったり、戦闘機の上に戦闘機を載せてくっつけたり、離したりできる。ＵＧＭの戦闘機のデザインは、ポピー（現・バンダイ）が担当した。[注18]

後に『ウルトラマンメビウス』で〝メテオール〟と呼ばれる設定がなされる。メテオールとはMuch Extreme Technology of Extraterrestrial OriginのアクロニムでMETEOR《メテオール》、「地球外生物起源的超絶科学技術」を意味する用語である。要は、地球にはない、宇宙人の科学技術を取り入れた超兵器を意味する。シルバーガルには明らかにメテオールが使われている。メテオールがなければ飛べる形ではない。ちなみに、英語のmeteorは「流星」の意味。

マイナスエネルギーは設定の中核となるはずだった

『ウルトラマン80』の特徴は、「醜い心や悪い心、汚れた気持ち、憎しみ、疑い」といった人間のマイナスエネルギーが怪獣を生み出すと考えている点である。

先生編では、桜ヶ岡中学をめぐる怪獣が多数登場する。逆に、桜ヶ岡中学から怪獣が出るから、ウルトラマン80は桜ヶ岡中学の先生になったと考えれば問題はないのだが、そうした説明は劇中では一切《いっさい》ない。要するに、「金八先生がウルトラマンに変身するような話」なのだが、三十分番組で二つのドラマを盛り込もうとすると混乱するし、すべてを説明することはできない。ただ、生徒と向き合う「ウルトラマン先生」を丁寧に描いてはいる。

矢的猛が担任する一年E組の生徒たちのなかで、特に中心人物となる四人の生徒がいる。それぞれニックネームは、「落語」「ファッション」「スーパー」「博士」。話を追って少しずつ紹介されていく。

第一話で、桜ヶ岡中学に赴任した矢的猛が、UGMのオオヤマキャップと出会い、UGMにスカウトされ、教師をやりながら、土日はUGMで勤務すると決まるまでが描かれる。ただし、矢的猛がUGMに参加するのは秘密にせよと校長から念を押される。

第二話「先生の秘密」は、登校拒否の生徒を、矢的先生が学校に来させる話だ。友だち二人と一緒に受けた私立中学の受験に、自分だけが失敗し、友だちのいない塚本少年が登校拒否になっている。矢的はクラスの皆に、遅刻することなく塚本を連れて登校すると約束する。

初日は失敗し、クラスの信頼をなくす。明日、塚本を連れて登校できなければ、教師を辞めると矢的は宣言する。当日、登校途中に、怪獣ギコギラーが出現する。矢的は塚本を庇い、飛んできた看板の下敷きになるが、ギコギラーの羽ばたきによる突風で飛ばされ、そこで80に変身しギコギラーと戦う。

戦うウルトラマン80に矢的先生の姿を見た塚本少年が、矢的先生と一緒に登校した形を作り、なんとか生徒たちとの約束も果たし、矢的は辞職せずに済む。

第三話「泣くな初恋怪獣」は、『ウルトラマン80』の最高傑作と評される話である。

下校時、校庭で矢的のクラスの真一とサッカー部の柴田がとっくみあいのケンカをしている。聞けば、柴田が真一のガールフレンドのみどりを奪ってしまい、それで真一が怒って決闘したのだと、クラスの生徒たちが矢的に説明してくれた。

その夜、真一の悲しい気持ちを吸収して怪獣ホーが咆える。

矢的は真一に自分の失恋体験を話して聞かせる。好きになった女の子に何でもしてあげたいと思い、女の子が楽器を欲しがっていたので、必死にアルバイトをして二カ月後、楽器をやっと手に入れたときには、その子に新しい恋人ができていた。でも、楽器はあげたという話だ。今は懐かしい思い出になったから、真一も今にきっとわかると、諭す。

それでも、真一が「悔しいんだ」と叫ぶと、姿を現したホーが暴れ回り、みどりの家に向かおうとした。

ウルトラマン80のいつもの必殺技サクシウム光線が怪獣ホーには効かない。最強の技バックルビームでやっと倒す。失恋のマイナスエネルギーは、どれだけ強いのか……。

第四話「大空より愛をこめて」は、父親の再婚話に反抗し、ふてくされる子供を矢的が説得する。

矢的のクラスの「スーパー」と呼ばれる少年の家はスーパーマーケットを営む父子家庭である。結婚を控えたスーパーの姉は、父親と弟を心配する。父親は娘が安心して嫁げるようにと、自分も再婚話を進めているふうを装うが、再婚する気はない。しかし、中学一年のスーパーはそんなこととは知らず、父親の再婚話に荒れて学校へも行かず、ローラースケートで憂さをはらす。みんな互いに互いを思いやっているのに、行き違う。

そんなとき、母子《おやこ》怪獣が現れる。家出した子怪獣を追って、母怪獣が連れ戻しにやってきた。怪獣母子が目の前で親子ゲンカを始める。矢的はある作戦を持って80に変身する。母怪獣のほうを徹底的に攻撃すれば、子怪獣が母親を庇うに違いないと考えたのだ。ウルトラマン80が睨んだとおり、母子怪獣は互いに庇い合うなかで仲直りし、連れ立って宇宙へと帰っていった。ちなみに、わざと負けているが形式的には80唯一の敗北である。

スーパーも父親や姉の気持ちを理解し、姉の結婚を父親とともに祝福する。

第五話「まぼろしの街」は、矢的猛が異次元空間に紛れ込む話で、先生編のなかでは異色であり、SF編にあってもおかしくない。

第六話「星から来た少年」は、一年E組の、自分が宇宙人だと信じ込んで現実逃避する生徒明《あき》男《お》の話である。

第七話「東京サイレント作戦」は、音に反応する怪獣ノイズラーの出現に、オオヤマキャップが東京中の音を止めて、その間にノイズラーの好きな音を探り、その音で呼び寄せようとする作戦である。

作戦が行われるなか、ソビエト大使が特別機の出発を求めてきたり、消防庁も緊急車両のサイレンを認めろと言ってきたりする抗議の電話がUGMに入る。新宿駅や東京駅でも電車を動かせと群衆が騒いでいるとの情報も入る。

音を全く出さないようにするというのは、日本中の経済を止める事を意味する。ノイズラーがどのような音に反応するのかを分析するのは時間との勝負だ。しかし、全ての機能を停止するのには限界がある。

そのとき、ノイズラーはどこからか聞こえる音のする方へ向かう。矢的のクラスの男子四人が、東京サイレント作戦など知らずに屋外でバンドの練習をする音だった。エレキギターやドラムの音がノイズラーの好物だったのだ。

好きな音を求めて、子供たちに迫るノイズラーの前に80が現れる。80のカラータイマーが鳴ったとき、急にノイズラーが元気をなくす。ノイズラーは80のカラータイマーの音が大嫌いだったのだ。80は大人しくなったノイズラーを宇宙へ帰すべく、先導して行った。

第一〇話「宇宙からの訪問者」はウルトラマン80の幼なじみのアルマがさざえのような形をした生物ジャッキーを連れて、地球人の調査に来た。調査から、アルマは地球人は闘争心が強いとみる。一方、調査を行うにつれ、ジャッキーは人間のマイナスエネルギーを蓄えてしまっていた。動物園の象が餌に紛れたジャッキーを食べ、怪獣に変身してしまう。

第一二話「美しい転校生」は桜ヶ岡中学が一応の舞台になっている。オランダから来た転校生の美少女ミリーは、実は宇宙人である。ビブロス星人の地球侵略の計画のため、80を倒すために、宇宙戦士ゴラと共に送り込まれた。

ところが、ミリーは同じクラスになった「博士《はかせ》」と渾名される博士《ひろし》を好きになって、侵略計画をためらうが、宇宙戦士ゴラが卵から孵《かえ》り80と戦う。

矢的は博士にミリーはオランダに戻らなければならなくなったと、ミリーがテープに吹き込んだ別れの言葉を博士に聞かせる。

SF編、子供編——何の説明もなく桜ヶ岡中学が消える

第二期以降、ウルトラシリーズ名物となった路線変更が『ウルトラマン80』でも行われる。劇中で何の説明もなく、桜ケ岡中学自体が消えた。以後、UGM主体のSFが中心となる。

第一三話「必殺！フォーメーション・ヤマト」は、オオヤマとヤマトがシルバーガルのα号とβ号を背中合わせに垂直降下しながら強豪怪獣サラマンドラを相手に攻撃、弱点である喉をさらさせようと苦闘する話がスリリングに描かれる。

第一四話「テレポーテーション！パリから来た男」から、イトウチーフが加わる。ある地点から他の地点に物体を移動させるテレポーテーション能力をもった怪獣ザルドンの拠点を、イトウ

チーフが突き止める。イトウも若いころからテレポーテーションを研究していた。

イトウチーフは着任早々、何の訓練かも説明せず、隊員たちに厳しい飛行訓練を行う。UGMの隊員たちはイトウチーフが本当はエイリアンではないかと疑うが、ザルドンとの戦いで、あの飛行訓練はザルドンのテレポーテーションから脱出するためのものであったと納得する。

第一七話、第一八話「魔の怪獣島へ飛べ!!」の前後編で、調査に出たイトウチーフが怪獣に変えられてしまう。イトウは助かるが恋人の星沢子（演・竹井みどり）は非業の最期を遂げる。

第一九話「はぐれ星爆破命令」では、真っ赤に燃え、軌道が狂った謎のはぐれ星ネットローズが地球に向かってきて、このままでは衝突する。衝突する前に爆破しようとするロードプロジェクトが実行される。脚本は若槻文三。故郷を滅ぼされた怪獣の復讐は、『ウルトラセブン』のギエロン星獣以来、若槻が何度も繰り返してきたテーマだ。この回は、怪獣ガウスを80が別の星に連れていき、ハッピーエンドで終わっている。なお、この回はオオヤマが不在。イトウとヤマトは地球を救うためとはいえ星を一つ破壊することに苦悩しているが、他の隊員たちは能天気に描かれている。

第二一話「永遠《とわ》に輝け!!宇宙Gメン85」は宇宙Gメン・ザッカルが凶悪怪獣ガモスを追って地球までやってくるサスペンスだ。

第二二話「惑星が並ぶ日　なにかが起こる」に『ウルトラマン』四大人気怪獣の一匹で、ウルトラシリーズの中でも人気のあるゴモラを出し、テコ入れする。

第二三話「SOS!!宇宙アメーバの大侵略」は地球防衛軍の宇宙探査船スペース7号がアメーザ星からの帰還途中、宇宙アメーバのアメーザに襲われ、全隊員が死亡する。宇宙アメーバの地球侵入阻止のため、UGMが一丸となる。

作品は重厚なSFばかりだが、視聴率の低下が止まらない。一二話あった先生編が不評とはいえ、平均視聴率は一三・六%であった。SF編は第三〇話までの平均視聴率は九・〇%。それどころか、SF編で視聴率が二桁になったのは、イトウチーフが登場した第一四話と、それに続く第一五話「悪魔博士の実験室」だけである。

第三一話から第四二話までの再度、路線変更した話は「子供編」である。

オープニングの前に、ドラマの導入部分が語られるようになったり、ゲストが登場したりするのも変更点であった。そして旧作の人気怪獣を登場させるようになった。

第三七話「怖れていたバルタン星人の動物園作戦」で、五代目バルタン星人が登場した。視聴率は一〇・八%。子供編ではこの回だけが二桁を記録した。

第三八話「大空にひびけ　ウルトラの父の声」で、ウルトラの父が現れる。せっかくのウルトラの父の登場ではあるが、活躍とは言えないのがもったいない。

矢的が怪獣ゴースドンの怪光線にやられ、変身しようとしても身体が動かず、自分の死が脳裏をよぎったとき、ウルトラの父の声が聞こえた。「ウルトラマン80、お前の勇気は死んだのか。肉体よりも早くお前の精神は死に果てたのか。ウルトラマン80よ、立て。立って戦え。お前の勇気を正義の矢として悪を倒すのだ」と叱咤激励する。矢的は力をふりしぼって変身する。ただ、これだけである。

第三九話「僕は怪獣だ〜い」は、子供たちが野球をしている最中にUFOが飛んできて、UFOの卵を食べてしまったテツ男少年が、怪獣テツオンになってしまう。卵だと思ったのは実は宇宙植物のタネだったのだ。テツオンに変身して、勉強も運動もなんでもできるようになったテツ男は人間の姿に戻りたくないとぐずるが、怪獣になった孤独に耐えかね、今度は元に戻りたいと言う。テツオンを諭す矢的はさながら「帰ってきた矢的先生」だ。こういう作品を描くならば、何のために「先生編」をやめたのか。

第四〇話からオープニングのテーマ曲が替わる。

第四一話「君はゼロ戦怪鳥を見たくないかい?」は、宇宙渡り鳥の怪鳥バレバドンが武夫少年自慢のラジコンのゼロ戦機を呑み込んでしまい、武夫の操作で動くようになる。『ウルトラマンタロウ』のような話である。

第四二話「さすが！観音さまは強かった！」はタイトルからして舐めている。江戸時代、大谷《おおや》石《いし》の石切場に盗賊が千両箱を隠したと知った男たちが、千両箱をせしめようとダイナマイトを仕掛ける。その爆発で観音像が倒されると、怪獣ズラスイマーが現れる。観音像が、怪獣ズラスイマーを封じ込めていたのだ。ちなみにこの回は、最後に当時人気アイドル歌手だった倉田まり子が本人役でゲスト出演している。

テンションを高めるために降板させられた石田えり

第四三話「ウルトラの星から飛んで来た女戦士」で、石田えりが演じる城野エミ隊員が殉職する。

当時から人気女優であった石田えりの降板理由が驚愕だ。この回を監督した湯浅憲明が自ら、「これはべつにスケジュールの調整のためというわけではなく、後半のドラマ展開に、テンションをもたせようという配慮からなんですよ」とインタビューに答えている。[注19]

さらに続けて、「猛をかばって死んでいく城野エミ隊員は、すばらしかったですね。かすかに猛への思いをにおわせてね」としているが、それまでまともな伏線もなかったのに、城野隊員が矢的をかばった瞬間、「猛」「エミ」と呼び合う。

代わって登場したユリアンを演じたのは、萩原佐代子。二年後に『科学戦隊ダイナマン』でヒロインの立花レイ（ダイナピンク）を演じ、さらに三年後には『超新星フラッシュマン』で悪役レー・ネフェルを演じる。今でこそ「ウルトラ」「ライダー」「戦隊」の三大特撮に出演する「三冠王」は何人も達成しているが、円谷と東映の双方に主役級で出演したのは、萩原が最初である。

ウルトラの国から王女ユリアンが、ガルタン大王が80を抹殺しようとしているのを80に知らせるために、ガラガラ星人に追われながらも地球にやってくる。記憶を失ったユリアンは、オオヤマキャップに星涼子と名付けられた。

城野エミ隊員に友情の証として自分のブレスレットをプレゼントする。ところが、ブレスレットは王女ユリアンの印であった。ユリアンに間違えられた城野隊員はガラガラ星人に捕まり、ガルタン大王に殺されてしまう。

ユリアンは城野隊員の遺言で、ＵＧＭに入ることになる。

第四三話は一九八一年の二月四日の放送であった。二月に入ってから、これでもかと人気怪獣をテコ入れに投入する。

第四四話「激ファイト！80VSウルトラセブン」は、現在ならばコンプライアンス違反で放送不可能だろう。

サターン党と名乗る暴走族が、小学生がサッカーの練習をしているグラウンドに乱入する。逃げ回る直人少年の姉を跳ね飛ばす。さらに直人少年をも跳ね飛ばす。執拗なサターン党は、頭から血を流して倒れている直人めがけて、「とどめだ」などと叫び、轢き殺そうとする。凶悪すぎる犯罪である。

サターン党のリーダーの弟が、直人のサッカーチームと試合する予定だった。弟がなぜ直人にケガをさせたのかと咎めると、「結果的にはお前のためになっているだろ」などと言い出す。

直人がお守り代わりにしていたウルトラセブンの人形に、生死の境をさまよう直人の生霊《いきりょう》が乗り移って、巨大化した妄想ウルトラセブンとなり、暴走族を懲らしめる。妄想ウルトラセブンが暴走族の一人をつかんで放り投げる。投げられたサターン党の一人が生きているかどうかは、本編では描写がない。

このとき、矢的とともに出動したユリアンが、暴れ回っているセブンがウルトラ人ではないと突き止める。ちなみに、ブログ「帰ってきたウルトラ38番目の弟」では、この場面を「この時の猛と涼子は『死んだはずのセブンが現れた』と言う驚きはしていないので、『レオ』で消息不明となったセブンは、その後、無事が確認されたと思われる」との想定ができると記している。[注20] その通りだろうが、劇中で何の説明も無いので分かりにくい。

ストーリーの最後で直人は身体が治りサッカーの試合が行われたが、（妄想とはいえ）ウルトラセブンと80を戦わせるシーンありきのシナリオなのは間違いない。

ユリアンが加わり、妄想とはいえウルトラセブン、さらにバルタン星人（六代目）やレッドキングも登場するが、第四八話まで視聴率は一桁のままだった。いよいよ最終回が決まってからの、第四九話と最終回第五〇話は辛うじて一〇％を越えた。

第四九話「80最大のピンチ！変身！女ウルトラマン」で、ユリアンが登場してから初めてウルトラマンに変身する。ユリアンは観音像がモチーフである。[注21]

怪獣プラズマとマイナズマは、それぞれが怪獣一〇体ぶんぐらいの強さである。二匹が合体するとウルトラマン80の必殺技バックルビームも効かない。80が負けそうになったとき、ユリアンが加勢する。80とユリアンは肩を組み、激しく空中で回転するダブルパワーで、合体したプラズマ、マイナズマを粉砕し倒す。

なお、ユリアンは自分が地球人にウソをついて生きているのがイヤだ、国籍が違うのを隠して生きているのがイヤだと悩みはじめている。

「あっ！キリンも象も氷になった‼」

最終回第五〇話のサブタイトルが「あっ！キリンも象も氷になった‼」である。このタイトルから、誰が最終回だと気づくだろうか。全く最終回らしからぬタイトルだ。最終回らしいタイトルが決まらないので、予定稿のタイトルをそのままにしていたら、本当に使われてしまったらしい。現場の空気感が伝わってくるタイトルである。さすがに『君はウルトラマン80を愛しているか』ですら、その最終回らしくないタイトルで、多くのファンを戸惑わせた、と言わざるを得ない。[注22]

ただ内容は、これまでのウルトラシリーズを総決算させようとの意欲に溢れている。

これまでも、オオヤマキャップが矢的猛の正体をウルトラマン80だと知っている描写がなされ、伏線となっていた。そんな時、地球全体を凍らせる巨大な力を持った怪獣マーゴドンが現れる。猛と涼子は変身して戦おうとする。そこに現れたのが、オオヤマだった。そしてオオヤマの方から、「これまでウルトラマン80には随分助けられた。これまでのお礼を言うよ、ウルトラマン80」「君には感謝している。しかし、いつまでも宇宙人である君に力を貸してもらうことに悔しさもあった。地球はやっぱり地球人の手で守らなければならん」と心中を吐露する。これまでは『セブン』『帰マン』『エース』『タロウ』『レオ』とすべて、ウルトラマンが地球人に正体を明かしたが、今回は逆だ。

怪獣プラズマとマイナズマとの戦いで傷ついた矢的を気遣う気持ちも重なり、「もう、80に変身しないでくれ」と矢的に頼む言葉は、自分自身の決心を固めるかのようだ。

オオヤマキャップたちUGMは、怪獣マーゴドンに冷凍液をかけて凍らせておいて、鉄球をぶつける非常にシンプルな方法でマーゴドンに挑む。作戦遂行中に、オーストラリアエリアから帰還した、ハラダとタジマ両隊員も参加する。

地球人だけでマーゴドンを倒すことができた。

UGMで、ウルトラマン80とユリアンのお別れパーティが開かれる。二人はウルトラの星に帰る前に、遊園地などでデートをしながら、地球での最後の一日を満喫して去っていく。

これまで、『ウルトラマンエース』以外のすべての最終回と同じく、地球人の自主防衛で終わった。ただ違うのは、80とユリアンが平和な最後の一日を満喫してからウルトラの星へ帰ることである。

第五一話「思い出の先生」

予算がかかりすぎる特撮作品の再開に、TBSは慎重だった。[注23] ウルトラシリーズの再開に際し、アニメならと条件を付けたのもTBSの意向だった。不本意な「ウルトラマン先生」という設定に、迷走する路線変更。ドラマの部分は酷評され続けてきた。

ただ、特撮は当時から評価が高かった。映画ほどでなくとも十分な予算があれば、アメリカのSFXに十分に対抗できる技術はある。円谷英二の直弟子である高野宏一と佐川和夫の意地が示された重厚な作品となった。

では、なぜ『ウルトラマン80』は、「日本特撮史上の金字塔」なのか。「特撮」を「着ぐるみとミニチュアワークを使ったフィルムのテレビ映画」と定義するならば、『80』を最後に本格的な特撮は作られていないのだ。東映の『仮面ライダー』はアクションが主体であり、「戦隊シリーズ」も巨大ロボットと巨大生物の戦いが定番とはいえ、やはり東映ヒーローの売りはアクションなのである。「宇宙刑事シリーズ」にしても、JACのアクションが主で、特撮は従なのだ。円谷式の「痛みの伝わる巨大怪獣の戦い」「戦闘機を中心としたリアルなメカニック」はありえない。そして、そうした伝統芸能自体が失われていった。

TBSを出禁になった円谷は、オーストラリアやアメリカなどにウルトラマンを海外展開させる。『80』終了から十五年後にはテレビ放映を復活させていた。その時にはフィルム撮影のテレビ映画はあり得ず、ビデオ撮影の作品となっていた。CG主体である。明らかに昭和の特撮とは変質していた。

それどころか、『80』を最後に、ゴールデンタイムの午後七時から食卓で親子が特撮番組を鑑賞する、という習慣がなくなっていた。平成ウルトラシリーズは土曜午後六時が定位置だったが、朝七時半に回された時もある。

いわば、『ウルトラマン80』は「最後の特撮作品」でもあるのだ。

試行錯誤と路線変更が繰り返されながらも、最終回によってすべてを止揚した『ウルトラマンエース』のような作品もある。それも、ファンが支持して初めて救われたのだが。

『80』の場合、最終回のサブタイトルを弁護しようがないこともあり、評価されようがなかった。こうして「特撮はともかく、内容など全体的には失敗作」の評価が長く続いた。

それを覆したのが、二十六年後の『ウルトラマンメビウス』の第四一話「思い出の先生」である。脚本は川上英幸、監督は佐野智樹《さのともき》。「真の最終回」とも「ウルトラマン80　第五一話」とも言われる。

この回、円盤生物ロベルガー二世を追いかけて、80が地球にやってくる。番組冒頭でロベルガー二世を80とウルトラマンメビウスの二人が倒してしまう。ここまで六分。リアルタイムのメビウスファンの子供たちに対し申し訳を果たすと、あとは大人向けの話だけが展開される。ロベルガー二世を倒した後は、80の地球での姿であった矢的猛先生とクラスの同窓会をめぐる話だからだ。

かつて、矢的猛が勤めていた桜ヶ岡中学を舞台に話が始まる。桜ヶ岡中学は少子化によって、隣町の学校と統廃合されるのが決まっている。だから、当時の一年E組の生徒たちが、同窓会をやろうと言い出す。

ヒビノ・ミライことウルトラマンメビウスが空を仰いで80に、最後のクラス会に矢的猛先生として出席してあげてくださいと頼むが、80は「それはできない」と答える。80はマイナスエネルギーの調査のために地球に来て、教育を通してマイナスエネルギーの発生を阻止できないかと中学校教師になった。しかし、マイナスエネルギーを食い止められず、次々と出現する怪獣と戦うために、中学校教師を辞めなければならなくなった。担任をしたクラスの子供たちの卒業まで見送れなかったから、いまさら再会する資格がないと言う。

80はミライに、「遠く離れたとはいえ、私の心には常に彼らがいる。矢的猛が謝っていた」と卒業生たちに伝えて欲しいと伝言を託す。

その間、桜ヶ岡中学で微量のマイナスエネルギーが観察されては消える現象が、繰り返し起こっていた。

クラス会当日、ミライが80の言葉を伝えに桜ヶ岡中学を訪ね、校門を通ろうとしたそのとき、校舎がマイナスエネルギーに包まれ、怪獣ホーが出現する。

屋上でクラス会を開いていた元一年E組のメンバーは怪獣の出現に驚き、スーパーは、最近若い嫁と再婚したばかりの真一に、「お前、また?」と詰め寄り、真一は「知らん。俺は怪獣なんか呼んでいない」と否定する。

メビウスがホーと戦い、防衛組織であるGUYS《ガイズ》も駆けつけレーザーを発射するが、ホーの身体を突き抜けてしまう。ホーは目にいっぱい溢れた涙を飛ばしながら、メビウスを組み敷く。

その時、80が現れる。ホーは待ってましたとばかりに80を見上げる。80は「マイナスエネルギーによって出現した怪獣ならば、私が倒す」とバックルビームをホーに浴びせると、ホーはどこか幸せそうに満足そうな顔をして、あっけなく消えていった。

戦い終えた80に、屋上から卒業生たちが次々に叫ぶ。

塚本「先生に憧れて僕は教師になりました」

ファッション「私は結婚して三人の子供のお母さんです」

落語「僕は地元の信用金庫に就職しました」
博士「大学で研究する日々を送っています」
スーパー「おやじのスーパーついで、頑張ってるぜ」

皆が感謝の気持ちを伝える横断幕を広げて、『仰げば尊し』を合唱する。歌い終わったとき、80は空に飛び立った。

そして、矢的猛の姿で現れた80は「メビウス、私は自分の言葉で謝ってみるよ。大切な私の生徒たちだから」とミライに告げ、卒業生たちがいる校舎に入っていった。

『ウルトラマン80』は、ようやくここにおいて完結した。

【注1】円谷英明『ウルトラマンが泣いている 円谷プロの失敗』（講談社、二〇一三年）六五頁。
【注2】中森明夫「『おたく』の研究」（『漫画ブリッコ』一九八三年六月号）が初出。コミックマーケットコミケ）で、マニア同士で「おたく」と呼び合っているのを揶揄した。岡田斗司夫『オタク学入門』（新潮社、二〇〇〇年）も参照。
【注3】切通理作『怪獣使いと少年』（宝島社、一九九三年）一七六〜一七七頁。

【注4】『ファンタスティックコレクション10 空想特撮映像のすばらしき世界 ウルトラマンPARTⅡ』（朝日ソノラマ、一九七八年）。

【注5】前掲『怪獣使いと少年』。なお、その後の切通は、多様な言論活動を展開しているが、『タロウ』『レオ』『80』を主題とした作品は少ない。ただし、現在刊行中の『ウルトラ特撮 PERFECT MOOK』シリーズ（講談社）の中で『タロウ』『レオ』『80』いずれについても言及と分析を深めている。

【注6】『帰ってきた帰ってきたウルトラマン』（辰巳出版、一九九九年）、『タロウタロウタロウウルトラマンT《タロウ》』（同、一九九九年）、『僕らのウルトラマンA《エース》』（同、二〇〇〇年）、『心にウルトラマンレオ』（同、二〇〇一年）。このシリーズは、同人誌の商業出版化。

【注7】『君はウルトラマン80を愛しているか 検証・ウルトラシリーズ』（辰巳出版、二〇〇六年）。

【注8】映画『ウルトラマンゼロ THE MOVIE 超決戦！ベリアル銀河帝国』（松竹配給、二〇一〇年）において、映像初の敗北を喫した時はインターネットで話題になった。同映画は、「別の宇宙」の話である。

【注9】言うまでもなく、アントニオ猪木は日本を代表するプロレスラーである。一九八一年、佐山は初代タイガーマスクとして登場、一世を風靡した。

【注10】『不滅のヒーロー ウルトラマン白書 第二版』（朝日ソノラマ、一九八七年）一六三頁。

【注11】同右、一六四頁。前掲『ウルトラマンが泣いている』六一頁。

【注12】前掲『ウルトラマンが泣いている』六一～六三頁。

【注13】『テレビマガジン特別編集 ウルトラマン大全集Ⅱ』（講談社、一九八七年）一五〇頁に写真。

【注14】同右、二四九頁。

【注15】前掲『君はウルトラマン80を愛しているか』二三七～二三八頁。なおインタビュアーは、TBSの野村

プロデューサーの関与を追及しており、阿井は擁護しているものの空気は伝わる。

【注16】『ウルトラマン80大百科』（勁文社、一九八五年）の区分。

【注17】一九八〇年十一月四日の大統領選挙で選ばれ、就任は一九八一年一月二十日。在任期間は一九八九年一月二十日まで。

【注18】前掲『テレビマガジン特別編集 ウルトラマン大全集Ⅱ』一五一頁。なお、ある円谷のスタッフ（後にプロデューサー）から、「スペースマミーだけは円谷がデザインした」と聞いたことがある。真偽は不明だが、おもちゃ会社主導でメカのデザインが決められたのは確かだ。

【注19】『テレビマガジン特別編集 ウルトラマン大全集Ⅱ』（講談社、一九八七年）二四八頁。

【注20】「帰ってきたウルトラ38番目の弟 ウルトラシリーズについて色々と書いていくブログです。」https://www.shoryu38.jp/entry/2019/06/12/065910

【注21】前掲『テレビマガジン特別編集 ウルトラマン大全集Ⅱ』一五三頁。

【注22】前掲『君はウルトラマン80を愛しているか』一七四頁。矢的八十郎「人類の卒業試験 ウルトラマン80最後の強敵とは」より。そのペンネームの通り、同書あとがきで「矢的猛を追うつもりで生きてきた」と宣言する筆者ですら、擁護しようがない。

【注23】前掲『ウルトラマンが泣いている 円谷プロの失敗』六一頁。

第八章

ウルトラマンメビウス

——歴史の完結と新たな神話の創造——

本格派のウルトラマンへの渇望

円谷プロを王朝にたとえるなら、太祖《たいそ》は英二で太宗《たいそう》が一。三代目の皐は、売り家と唐様で書く三代目。兄の一が死去した一九七三年から自身が亡くなる一九九五年までの二十二年間、社長であった。歴代最長である。

皐の死から約一年後、一九九六年九月七日に『ウルトラマンティガ』が放送開始。実に十五年ぶりにウルトラシリーズがＴＢＳの本放送で復活する。「ウルトラマン」の名は冠しているが、新しい作品を生み出そうとする意欲に溢れていた。『ティガ』以降の作品は「平成ウルトラマン」と呼ばれ、昭和の『ウルトラＱ』『ウルトラマン』から『80』に至るシリーズとは別世界の話であり、新たなファンを開拓した。

特に『ウルトラマンメビウス』は脚本と演出の完成度が高く、駄作が一本もない。もし「完成度」で評価するならば、全ウルトラシリーズの中で『メビウス』こそが最高傑作であろう。

だがここに至るまでも、そしてその後も、円谷プロは苦難の歴史を歩んだ。

略年表だけで一目瞭然で、同族経営の中小企業にありがちな御家騒動を繰り返しながら、円谷プロは経営権を手放して現在に至る。

円谷プロダクション歴代社長略年表

代数	社長	年代	備考
初代	円谷英二	1963－1970年	
第2代	円谷一	1970－1973年	英二の長男。
第3代	円谷皐	1973－1995年	英二の次男。
第4代	円谷一夫	1995－2003年	皐の長男。
第5代	円谷昌弘	2003－2004年	一の長男。高野宏一専務を「クーデター」の容疑で追放。裁判沙汰に。最終的に本人が女性社員へのセクハラ問題で退任。
第6代	円谷英明	2004－2005年	一の次男。一夫に解任される。
第7代	大山茂樹	2005－2007年	東宝不動産の取締役から招致。
第8代	円谷一夫	2007年	大山茂樹を解任して復職。
第9代	森島恒行	2007－2008年	映像会社TYOよりの非常勤役員。円谷プロはTYOの子会社に。
第10代	大岡新一	2008－2017年	生え抜きカメラマン。『80』などに参加。
第11代	塚越隆行	2017－2019年	ウォルト・ディズニー・ジャパン出身。
第12代	永竹正幸	2019－	タカラトミー出身。

英二や一が社長の時代の「いかに赤字を出そうが、良質な作品を送り出す」は遠い昔の〝神代〟の世界となり、作品制作の体制も変質した。

三代目皐社長は『80』終了後、海外に活路を求めた。一九八九年、アメリカのプロダクションとの提携で長編アニメ『ウルトラマンUSA』を制作する。続いて、オーストラリアで制作した『ウルトラマングレート』は一応、特撮であるが、テレビ放送はされず、オリジナルビデオとして展開された。一九九三年にアメリカで制作された『ウルトラマンパワード』は、初代ウルトラマンのリメイクである。

一九九四年から日本テレビで放映された特番の『平成ウルトラセブン』は、ファンから「円谷プロがやらかしてしまった同人誌」と罵倒される大駄作となってしまった。声涙倶《せいるいとも》に下《くだ》る毒蝮三太夫の熱演は感動的だが、それだけでは昭和の世界観をぶち壊している作品全体を補えなかった。

迷走は四代目の一夫の時代にも存在し、一九九六年から九七年にかけて公開された映画『ウルトラマンゼアス』は敵が「ベンゼン星人」であるなど、出光興産とのタイアップがあからさまで不評であった。

こうした冬の時代が長かったこともあり、『ウルトラマンティガ』は大好評であった。「神秘的な謎の巨人が、地球人の防衛チームと一緒に巨大怪獣と戦う」というウルトラマンのコンセプトは引き継ぎつつ、本格的なSF子供番組を作ろうとの意欲に溢れていた。主演がジャニーズ事務所に所属する人気タレントグループV６《ブイシックス》の長野《ながの》博《ひろし》、脇役にも著名な俳優を揃える、特撮の王道を行く番組制作であった。言うなれば、「真面目に本格的なSFの脚本を作ったウルトラマンタロウ」である。

続く『ウルトラマンダイナ』『ウルトラマンガイア』を含めて、いつしか「平成ウルトラマン」と呼ばれるようになる。

ちなみに、「平成ウルトラマン」の初期三部作はすべて土曜六時の放映で、視聴率一〇％を超えたことは一度もない。しかし、日本における本格的なウルトラマンの復活ということで、新しい番組として受け入れられた。ファンは「本格的なウルトラマン」を欲していたのだ。『ティガ』の続編の『ウルトラマンダイナ』ではつるの剛士《たけし》、『ウルトラマンガイア』では吉岡毅志《よしおかたけし》がそれぞれ演じた。

映像は、フィルム撮影は『ウルトラマン80』が最後で、その後のウルトラシリーズは全てがビデオかアニメになっていて、「平成ウルトラマン」もビデオ撮影である。そうした撮影事情もあって、ウルトラマンの名前は使っているが、特撮のウルトラシリーズとは別の、独自の作品と解釈したほうが良いだろう。事実、昭和のウルトラ兄弟と平成ウルトラマンが共演する『大決戦！超ウルトラ8兄弟』（松竹、二〇〇八年）では公式にパラレルワールドだと設定されたが、ファンは最初から別世界の作品と認識していた。

平成に制作されたウルトラマンの中での異色作が『ウルトラマンネクサス』であり、ウルトラシリーズで唯一の打ち切りになった。『ネクサス』は『ウルトラマンレオ』以来の、意欲作の空回りであった。

それまでウルトラシリーズは夜の時間帯の放送であった。ところが、『ウルトラマンネクサス』の放送が毎週土曜日朝七時半から八時までと、急に決まる。その時間帯向けに作ってくれと言われるが不可能だ。のちに「金曜三一時半の番組」と言われるような、深夜番組にこそ相応しいと感じられる暗い内容であった。主人公の恋人が精神疾患を抱えていて、殺された家族の幻影と団らんしている。当然ながら子供に人気はなく、視聴率は上がらなかった。全三七話の平均視聴率は三・二%。第二九話からは、後番組の『ウルトラマンマックス』の宣伝ばかりをやっていた。異色作の『ウルトラマンネクサス』は結果的に、どのウルトラシリーズともつながっていない完全に独立した話になっているが、本当は最後につなげようとしたらしい。ただし円谷プロは、『ウルトラマンネクサス』に出演した俳優を、『ウルトラマンメビウス』にゲストとして大量に出している。特に『ネクサス』で重要な役割を演じた加藤厚成《こうせい》は、『メビウス』でも同じく重要な役割を与えられる。

そして『ウルトラマンネクサス』を打ち切って、新たに始められた『ウルトラマンマックス』は視聴率が上がり、全四〇話の平均視聴率は四・〇%。明るい作風は、作品の評価も高い。

昭和へのリスペクト

平成ウルトラマン第一作の『ウルトラマンティガ』では、『ウルトラマン』は円谷プロが制作する架空の話とされている。

『ティガ』第四九話「ウルトラの星」で、初代ウルトラマンとティガが共演し、つながりをはっきりと描いた。この回は、メタフィクションである。作中に一九六五年の円谷プロが登場し、タイムスリップしたティガがウルトラマンとともに怪獣を倒し、二人のウルトラマンは互いに握手を交わす。つまり、昭和のウルトラマンと平成のウルトラマンはパラレルワールドなのである。

原則として昭和と平成のウルトラマンは別の世界観だった。これをあえて崩したのが、『ウルトラマンマックス』である。『マックス』は、二〇〇五年七月二日から二〇〇六年四月一日までの約八カ月間、TBS系で毎週土曜日七時三十分から八時までの枠で、本編三九話、総集編一話の全四〇話が放送された。

特徴は、ウルトラシリーズ第一期シリーズをリスペクトした作品である。『ウルトラマン』『ウルトラセブン』の俳優だけでなく、怪獣たちも多数出演する。

俳優陣は、『ウルトラマン』からは、主役を演じた黒部進、科特隊のイデ隊員の二瓶正也、フジ隊員の桜井浩子が準レギュラーで出演している。

ウルトラセブンを演じた森次晃嗣が第一九話「扉より来たる者」にゲスト出演し、ハヤタとダンが全く別の役で再会する。森次の細かい仕草が『ウルトラセブン』を匂わせる。

第二四話「狙われない街」は実相寺昭雄監督のウルトラシリーズの遺作だ。『ウルトラセブン』

第八話「狙われた街」の後日談である。メトロン星人を、実相寺昭雄作品の常連で〝実相寺俳優〟などとも呼ばれる寺田農《てらだみのり》が演じた。

第三三話、第三四話の前後編は、バルタン星人との決着編である。『ウルトラマン』では科特隊のアラシ隊員、『ウルトラセブン』ではウルトラ警備隊のフルハシ隊員を演じた毒蝮三太夫が、なぜか警備員役で出てくる。

また、このとき、ウルトラマンレオを演じた真夏竜が、端役の警察官で出てくる。なにも、このような役で起用しなくてもというぐらいの、信じがたい配役である。ウルトラシリーズ第一期至上主義で、第二期以降を認めない人に向けた作品であるのがわかる。

かつてバルタン星人は、一人の狂った科学者の核実験によって母星が破壊され、宇宙を放浪し、ウルトラマンや地球人と飽くなき抗争を繰り広げていた。そして遂に、ウルトラの星を凌駕する科学力を身に付ける。前編の最後では、ウルトラマンマックスを踏みつぶすほど巨大化し、念願の勝利を勝ち取る。しかし、バルタン星人の中にも地球人やウルトラマンとの友好を望むタイニーバルタンのような者もいた。タイニーによるとバルタン星も地球と同じように緑豊かな星で、バルタン星人も人間と同じような姿をしていたが、両手がハサミでセミのような姿になったとか。

タイニーが古代バルタンの鐘を奏でると、大挙して地球にやって来たバルタン星人たちは人間の姿に戻り、帰っていく。こうして、バルタン星人とウルトラマンや地球人との和解が成立。以後、二度とバルタン星人がウルトラマンや地球人と戦うことはなくなった。

怪獣や宇宙人たちは、登場順にエレキング、レッドキング、ピグモン、アントラー、ゼットン、ゼットン星人、キングジョー、ゴモラ、メトロン星人、再びエレキング、ピット星人、そしてバルタン星人。レッドキングとピグモンがまた出てくる。

ウルトラシリーズ第一期、第二期の俳優と怪獣が登場したのが、非常に評判をよんだ。出演者だけでなく、スタッフも同様である。第一三話、一四話は上原正三が脚本を書き、第三三話、第三四話はバルタン星人の生みの親である飯島敏宏がペンネーム千束北男で脚本を書くと同時に監督も務めている。第三五話は藤川桂介の脚本による。

視聴率も回復し、次の作品の『ウルトラマンメビウス』の放送枠が土曜日夜六時に戻る。

こうして、『ウルトラマンメビウス』は、昭和ウルトラマンと同じ世界観の作品として企画された。『ウルトラマン80』以来、二十五年ぶりの「本編」の復活となる。

主役のヒビノ・ミライ役には、売り出し中のアイドルだった五十嵐《いがらし》隼士《しゅんじ》が抜擢された。

なぜGUYSが最強の防衛チームなのか

第二期ウルトラシリーズを愛する者が「メビウス」と聞けば、『ウルトラマンエース』第二三話に登場したメビウスの輪を思い出すだろう。世界中の子供たちを洗脳して異次元空間に拉致したヤプール人に対し、地球人は打つ手がない。しかし、TACの兵器開発員の梶洋一はメビウスの輪の原理を応用して異次元移動装置を発明。TAC隊員の北斗星司を送り込む。そしてヤプールを撃破、子供たちを取り返した。「メビウス」とは地球人とウルトラマンの絆を象徴する言葉である。

前作の『ウルトラマンマックス』が第一期シリーズだけを愛する作り手による作品だったとすれば、『メビウス』は第二期へのリスペクトが旗印であった。そして、『Q』や『80』をも含めた、本編全体の集大成のような作品として企図されている。

メイン監督は、佐野智樹。一話と最終回を含め、一〇本を担当。最終回のようにテンションが高い話ばかりを担当している。村石宏實《むらいしひろちか》、髙野敏幸、北浦嗣巳《きたうらつぐみ》、アベユーイチ、小中和哉、八木毅ら、多くの監督が特撮監督も兼ねているのが特徴である。メインライターは赤星政尚《あかほしまさなお》。一話と最終回を含め、一五本を担当している。他に、小林雄次、長谷川圭一、川上英幸、太田愛、谷崎あきら。ウルトラファンで知られる作家の朱川湊人《しゅかわみなと》も二本書いている。

『ウルトラマンメビウス』の舞台は、ウルトラマン80が地球を去ってから二十五年後の世界である。80が去ったあとの二十五年間は、地球に怪獣や宇宙人が一切現れなかったとされる。[注1]『メビウス』の時代では、80までの歴代ウルトラマンが活躍していた時代を「怪獣頻出期」と呼んでいる。そして、登場した怪獣や宇宙人は、歴代チームごとにアーカイブされている。[注2]たとえば、「ドキュメントMAC（どきゅめんと　えむえーしー）」のように。[注3]

ところで、それまで地球にやってきた歴代ウルトラマンは、その全員が地球人に正体を知られた時に地球を去っている。地球人がウルトラマンに依存してしまうのを断ち切るためであった。しかし、メビウスはその後も地球に残り、ともに戦う。[注4]

そして『ウルトラマンメビウス』では、巨大な力の脅威にさらされた時、ウルトラマンの力に頼るのではなく、地球人自らの手で地球を守り抜くべく知恵と勇気を振り絞って戦うのがテーマであった。作中で強調されるのが、「地球は我々人類、自らの手で守り抜かねばならないんだ」である。言うまでもなく、ウルトラ警備隊のキリヤマ隊長の言葉である。[注5]この言葉は作中で何度も強調され、『ウルトラマンメビウス』の時代のキリヤマは「軍神」の如き存在である。[注6]

地球人の科学力は高められ、防衛チームは強くなっていった。しかし、ウルトラ警備隊を頂点に、以降のMAT、TAC、MAC、UGMは常に苦戦を強いられる。なぜか。地球人が侵略者に間接侵略されているからである。どんなに強大な武器を持っていても、それを使う人間の心さえ支配してしまえば侵略など容易《たやす》い。MAT以降の歴代チームは、上層部と市民の無理解に苦しめられながら戦うのが常だった。

こうした歴史の教訓を生かし、直接侵略だけなく間接侵略にも対処したウルトラマンメビウスの防衛チームは、歴代最強のチームとなる。

技術、戦術、戦略、そして政治——戦訓を生かすGUYS

第一話「運命の出逢い」の冒頭、防衛チームGUYS《ガイズ》の実動隊CREW《クルー》 GUYS《ガイズ》が怪獣ディノゾールの前に、全滅してしまう。[注7] 残ったのはアイハラ・リュウ隊員ただ一人。[注8]

その時、ウルトラマンメビウスがルーキーのウルトラマンとして、ヒビノ・ミライの姿で地球に派遣される。ミライは新生GUYSの一員として入隊し、仲間をスカウトしていき、新生GUYSを作っていく。GUYS（Guards for UtilitY Situation）とは、「あらゆる状況に対する防衛」を意味し、「（親しみを込めた）みんな」の意味もある。

なお第一話で、アイハラ・リュウが『帰ってきたウルトラマン』の「ウルトラ5つの誓い」を唱える。リュウはこの言葉を、ディノゾールとの戦いで死んだセリザワ隊長から教えてもらっていた。このように、必ず旧作とのかかわりが作中で示された。当時、『ウルトラマンメビウス』を放送していた名古屋の中部日本放送（ＣＢＣ）のＨＰ内の「Ｗｅｂメビナビ」には、古い世代のウルトラマンを知らない子供たちのために解説コーナーが設けられていた。第二話にはウルトラマンジャックを苦しめたグドン、第三話にはゾフィーとタロウを倒した怪鳥バードンが登場するなど、旧作怪獣が毎回のように登場した。

直接侵略の脅威は過去最大なのだが、ＧＵＹＳは一歩も引かない。

隊長はサコミズ・シンゴ（演・田中実）。サコミズは宇宙生活が長かったので、見た目とは大きく違い、かなり年配であるのが、後に判明する。かつて、科学特捜隊の宇宙勤務の隊長だった経歴を持ち、タケナカ最高総議長（もちろん演じるのは佐原健二）と同い年で、同級生。タケナカから「サコッチ」と呼ばれる。

サコミズが謎の円盤群に海王星の軌道上で襲撃されたとき、ゾフィーに救われた。[注9]

アイハラ・リュウ（演・仁科克基《にしなまさき》）は、かつてのアラシやフルハシを思わせる熱血漢。

ちなみに、主人公ヒビノ・ミライとアイハラ・リュウはＢＬ（ボーイズラブ）にしか見えないのだが、メビウス終了十五年目にして明らかになったのは、監督と俳優たちの思惑の違いであった。『ウルトラマンメビウス』のメイン監督の一人で第一話と最終回も監督した、佐野智樹はまったくそのつもりはなかったらしい。しかし、ミライとリュウの二人はそういう設定だと思って演じていたと言う。注10

イカルガ・ジョージ（演・渡辺大輔）は、もともとプロの天才サッカー選手でスペインリーグに所属していた。自分の名字「斑鳩《いかるが》」が漢字で書けないとの理由から「イカルガ」の名で呼ばれるのを嫌がり、もっぱら「ジョージ」と呼ばれる。

ジョージは超人的な動体視力の持ち主で、第一九話「孤高のスタンドプレイヤー」ではその能力を遺憾なく発揮する。怪獣ディガルーグが三体で出現する。新たに開発されたメテオールショットを使用しても、三体を同時に撃つのは人間には不可能だとされる。しかし、ジョージは果敢に挑戦する。ジョージの行動は独善的だと、他の隊員からは理解してもらえない。自分の行動について何も説明しようとしないジョージに、どうして何も話してくれないのかとミライは苛立ちをぶつける。すると、ジョージは「お前に俺の見ているものが見えるか？　俺に見えるものは他の人間には見えない。だから……話しても無駄なんだよ」と言い聞かせる。この回は珍しく、過去のウルトラマンや怪獣との絡みがない話であった。

クゼ・テッペイ（演・内野謙太）は、医学生で、父親の病院の跡継ぎと期待されている。やたらと怪獣に詳しく、基地内でデータ分析などしながらオペレーター役にあたるのが主要任務だ。

第三三話「青い火の女」[注11]では、医学部の先輩の妹ミサに乗り移ったフェミゴンからミサを救おうと奮闘する。テッペイは自分を頼るミサに恋心を抱く。しかし、フェミゴンを分離し退治すると、ミサはフェミゴンに憑依されていたときの記憶を失い、テッペイの存在さえ覚えていない。テッペイの想いは失恋に終わる。

モデルの斉川《さいかわ》あいが演じたカザマ・マリナは、オートバイのロードレースのライダーで、女性ライダー初の世界選手権出場を狙える選手だったが、GUYSに入隊する。マリナは非常に優れた聴覚の持ち主である。第一三話「風のマリナ」、第二三話「時の海鳴り」などでマリナの超人的な聴覚能力が発揮される。

もう一人の女性隊員アマガイ・コノミを平田弥里《ひらたみさと》が演じる。コノミは保育士を目指していた。マケット怪獣を使えるのが、コノミの特長だ。マケット怪獣とは、ウルトラセブンが使っていたカプセル怪獣を、マケットと呼ばれる分子で蘇らせた人造怪獣である。これもメテオールの一つである。第四話「傷だらけの絆」で、カプセル怪獣ミクラスがマケット怪獣第一号として登場する。ウインダムもマケット怪獣として出てくる。

GUYSは過去のチームの武器を発展させている。たとえば、ビーム砲台のシルバーシャーク

Gは、『ウルトラマンエース』のTACの武器シルバーシャークの改良発展型である。『ウルトラマンタロウ』でムルロアを倒すためにZATが使った大型爆弾AZ1974が改良されAZ2006が生まれた。『帰ってきたウルトラマン』のMATアロー1号から、GUYSアローMA1号が作られる。

戦法も進化させている。ウルトラセブンがガッツ星人に氷漬けにされ十字架にかけられたときに、ウルトラ警備隊が使用した武器を発展させたのが、マグネリウム・メディカライザーである。セブンと同じように氷漬けにされたメビウスを救い出すのにも、ウルトラ警備隊と同じ方法を用い、より容易に助け出した。科学特捜隊のイデ隊員が、地球人もスペシウム光線を使いこなそうとする武器を考案し、マルス133を作った。イデ隊員のマルス133へのリスペクトから生まれ、その完成形がスペシウムを増幅させるスペシウム・リダブライザーである。ファイナル・メテオールとして使われる。

以上は一部の例にすぎない。

レギュラーの上層部として登場する、トリヤマ補佐官（演・石井愃一《いしいけんいち》）とマル補佐官秘書（演・まいど豊《ゆたか》）の二人は過去の組織と違ってコミカルな役どころで、隊員たちと全く対立関係にならない。コミカルな人物達だが、要所では毅然とした言動をとる。

正体を知られても地球に残るウルトラマン

『ウルトラマンメビウス』の話は、一話一話見ていくと、最初から怪獣を食べる怪獣であるボガールが出てくるなど、常に強敵が現れる。それをルーキーのウルトラマンが地球人とよく協力し、地球人も最善を尽くして戦う。防衛意識が高い。敵も強ければ、GUYSも防衛意識、能力ともに高い組織である。

ルーキーのウルトラマンメビウスは、CREW GUYSの仲間とともに成長していく。この主人公、実に頼りない。『ウルトラマンメビウス』が放映された頃、日本は小泉純一郎内閣の時代であった。小泉は北朝鮮に自ら乗り込み拉致被害者を奪還。国民世論の支持を受けた、久しぶりに強い宰相だった。同時期のアメリカが9・11テロやアフガン戦争、イラク戦争で苦しむ中、ジョージ・ブッシュ大統領との個人的紐帯は強く、強固な日米関係を維持していた。メビウスを助けるGUYSは、頼りないブッシュを助ける小泉の構図と似ていると言えば言いすぎか。

メビウスが第一話で初めて怪獣と戦ったときは、ビルを盾にして戦い、被害を大きくしたとリュウに批難されるが、第二話ではリュウに「あいつ、戦う場所を選びやがった」と指摘され、成長を見せる。

メビウスはウルトラマンらしからぬところがあり、第九話「復讐の鎧」で強敵ボガールモンスに危うく食べられそうになり、リュウの攻撃で救われても、リュウに「へたれんな、ウルトラマン。そんなデケエ図体して、何してる。この星守るつもりなら、根性見せろ」などと言われてしまう。

前半は、『帰ってきたウルトラマン』の怪獣を多数登場させている。次いで『ウルトラマンタロウ』、そして『ウルトラマンレオ』と『ウルトラマン80』の怪獣は一話ずつで、顔見せ程度である。『ウルトラセブン』からは、ミクラス、ウインダムといったカプセル怪獣が登場する。『ウルトラマンエース』の超獣が第二四～六話に三連続して登場するなかで、エースの宿敵であったヤプール人が、やはりメビウスの宿敵として出てくる。この回の前日談は『ウルトラマンメビウス&ウルトラ兄弟』(松竹、二〇〇六年)として映画化もされた[注12]。

第二七話「激闘の覇者」では最強怪獣ゼットンに、メビウス・マケットミクラス・マケットウインダムの、まるで頼りないトリオで戦いを挑み、苦戦しながらも勝利する。

第五話から〝ツルギ〟と呼ばれる青い巨人が現れる。ツルギは捕食怪獣ボガールを追って地球にやってきた。地球では旧GUYSの隊長セリザワ(演・石川真)の姿を借りている。ツルギは、滅ぼされた惑星アーブの者たちの怨念を鎧として纏ったウルトラマンだった。ウルトラの母の奇跡で生き返り、鎧を脱ぎ捨て、ウルトラマンヒカリと呼ばれるようになる。

ちなみにウルトラマンヒカリは光通信で配信された特撮番組の主人公である。いわば「タイアップウルトラマン」であるが、かつての『ウルトラマンゼアス』のような違和感はない。

ウルトラマンヒカリが登場するときは、怪獣が二体、もしくは、ムカデンダーのように二つに分離する怪獣が出てくるのが特徴だった。[注13] ウルトラマンヒカリは第一七話で光の国に帰って行く。

基本的に昭和ウルトラマンと同じく一話完結なのだが、中盤からは続き物の謎解き要素が加わる。

転機は、第二九話「別れの日」と第三〇話「約束の炎」の前後編だ。「皇帝の刺客」を意味するインペライザーの名を持つロボットが、何者かによって送り込まれてきた。

その事実を知ったウルトラの父は、若いメビウスでは勝てないとウルトラの星への帰還命令を発する。ミライがGUYSの仲間たちと最後の別れをしていた時、インペライザーが急襲してきた。

ミライは地球を去る覚悟でリュウの目の前で「見ていてください！　僕の最後の戦いを！」と、メビウスに変身。決死の戦いを挑んだ。しかし、かすり傷一つ与えられない。なぜならばインペライザーの再生能力は、いかなる傷も修復してしまうからだ。見かねたリュウは「ミラーイ！　メビウスなら、メビウスだって最初から言いやがれ！　……何でお前は、誰にも何も言わねぇで、一人で戦ってやがった……。弱ぇくせに無理ばっかりして、どんだけ死にそうになりやがった……。俺にどんだけ散々な事を言われやがった！　『今まで、ありがとうございました！』。その台詞は……俺のじゃねぇか。お前を助けてやってる気が、いつも助けてもらっていたのは俺の方じゃねぇか！　ミライー！」と絶叫してしまう。

メビウスの危機にウルトラマンタロウ（声の出演・石丸博也）がやってくる。[注14]　インペライザーは、タロウの自爆必殺技ウルトラダイナマイトを受けても再生してしまう強豪だ。

メビウスは絶体絶命の中で、覚醒。ＧＵＹＳやタロウとの共同作戦でインペライザーを倒した。戦いの中で、ＧＵＹＳの仲間たち全員が、ミライの正体を知る。

リュウの「メビウスは俺達の仲間なんだよ。これからも一緒に地球を守りてぇんだ。頼む。一生のお願いだ。ミライを、メビウスを帰さないでくれ」との願いを聞き入れ、タロウはメビウスに「君と君の仲間たちなら、どんな試練もきっと乗り越えられるな」と去っていく。

第三二話以降は、過去のシリーズの総決算が始まる。

第三三話「怪獣使いの遺産」は、『帰ってきたウルトラマン』でメイツ星人が殺されたあと、穴を掘り続けた少年の後日談である。

第三四話「故郷《ふるさと》のない男」が、ウルトラ俳優が初登場した回である。ウルトラマンレオのおゝとりゲンを演じた真夏竜が修行僧の出《い》で立ちで、ミライの前に現れる。そして変身、GUYSの仲間たちの前でメビウスを叩きのめす。特訓でメビウスが立ち直ると、力を合わせてリフレクト星人を倒す。そしてレオは、メビウスに地球を託したのではなく、メビウスとGUYSであれば託せると去って行った。

第三六話「ミライの妹」に登場するサイコキノ星人は、そこら中の星でイタズラ半分に紛争をまき散らしている。地球では女子中学生の姿をしていて、仲間どうしで「それにしても、あいつ〔ミライ〕、鈍いよね。何の疑いも抱かないなんてさ」「宇宙警備隊員が〝兄弟〟って言葉を使うと、無条件で心を開くって噂、本当だったんだね」などと、ギャル風な口調で会話している。

その一人、カコは超強力な念動力を持っている。第七話「ファントンの落とし物」に登場した、あらゆる物質を圧縮できる能力を持つファントン星人とともに、まさかこれが伏線になるとは思われなかった話である。全ウルトラマンシリーズを通じて、脚本と全体の構成の完成度は屈指である。

第四一話は、前章で詳述の通り、『ウルトラマン80』の先生編である。

第四二話「旧友の来訪」では、タケナカ最高総議長から「サコッチ」と呼ばれる、サコミズ隊長の経歴と、GUYSがなぜ設立されたのかが明かされる。

第四三話からは、エンペラ星人の四天王が次々に現れて、これでもかと徹底的にメビウスを痛めつける。

エンペラ星人とは、かつてウルトラの父と戦って、ウルトラの星を滅亡寸前まで追い詰めた最強宇宙人である。過去には名前しか出ていない。一九七三年にその名が出て以来、三十二年目にして、正体が明らかとなる。インペライザーは、エンペラ星人の刺客であった。

エンペラ星人の四天王とは、かつてウルトラ兄弟を苦しめたヤプールとメフィラス星人、それにデスレムとグローザムである。

ヤプールはウルトラマンエース抹殺のためにロボット超人・エースキラーを作ったように、メビウスを相手にメビウスキラーを繰り出す。だが、ヤプールの本領は直接侵略ではなく、間接侵略だ。

第四四話「エースの願い」では、徹底的に地球人の醜さを見せつける。

週刊誌記者ヒルカワの書く記事は悪意に満ち、ジョージを怒らせていた。また、コノミの幼なじみを利用しコノミに近づき、GUYSを探ろうとした前歴もあった。

ミライが叩き落とされた異次元空間で見たのは、地球人の腐敗した心を象徴するような光景だった。ヒルカワは重傷を負っているミライを蹴飛ばすなど、さんざんな悪行を働く。その上でヤプールはミライに向かって、「こんな下等な人間どもをお前は守ってきたんだ、ウルトラマンメビウス」などと言いながら、ヒルカワに危害を加えようとする。それでも止めようとするミライに、「あきれた奴だ、あんなひどい仕打ちを受け、まだ人間のために戦うのか」とつぶやく。ミライは「僕は人間が好きだ。守って見せる」と断言する。

ヤプールがヒルカワに、ミライを殺せばお前だけは助けてやろうと持ちかけると、ヒルカワは平気でミライを殺そうとする。

ヤプールを演じるのは、清水紘治。『ウルトラマンエース』第四話で、狂気の漫画家久里虫太郎を怪演した俳優である。

ヒルカワを演じた加藤厚成は、『ウルトラマンネクサス』にも出演している。第一話から石堀隊員役で登場する。この石堀は空気のように存在感がない隊員なのだが、すべての事件を操作していた実は真の黒幕だった。

メビウスが異次元空間でヤプールと戦っているあいだ、月ではウルトラマンエースが怪獣ルナチクスと戦っている。

北斗星司が月から、異次元空間にいるミライに向かって〝エースの願い〟を「それが私の変わらぬ願いだ」と思いを送る。その直後、背後から南夕子が現れる。生き別れた恋人たちの三十四年ぶりの再会だった。

第四五話「デスレムのたくらみ」にはウルトラマンジャックが、第四六話「不死身のグローザム」にはウルトラセブンが、第四七話「メフィラスの遊戯」でウルトラマンが、四天王を倒していく。

ちなみに、メフィラス星人は地球人の歴史認識をゆがめる作戦を実行する。メフィラス星人こそが地球を守ってきたヒーローだと地球人に教え込んだ。かつて話題作となったがマニアには不評の『ウルトラマン研究序説』は、「『メフィラス星人』こそ『正義』の何たるかを知っていた」などと愚にも付かないことを書いていたが、[注15]本編で全否定された格好だ。

心からの言葉「ありがとう」

第四八話「皇帝の降臨」からの最終三部作で、いよいよエンペラ星人の侵略が本格化する。

エンペラ星人は、全世界の一三大都市にインペライザーを送り込む。[注16] そして「地球人自らの手でウルトラマンメビウスを追放しろ」と要求する。[注17]

その頃、ヒルカワはウルトラマンメビウスの正体がヒビノ・ミライであると週刊誌で暴露する。GUYS上層部はこれを問題視した。そして日本政府は、ウルトラマンの引き渡しとエンペラ星人の支配下に入ることを決断する。

そこでサコミズはテレビ会見を開き、世論に訴える。

「地球は我々人類、自らの手で守り抜かなければならない」

ウルトラ警備隊、キリヤマ隊長が残した言葉です。この言葉は……ウルトラマンが必要で無いと言っている訳ではありません。彼らの力だけに頼ることなく、私達も……共に戦うべきだと伝えているのです。最後まで希望を失わず、ウルトラマンを声援する。それだけでも、彼らと共に戦っていると言えるのです。彼らに力を与える事ができるのです。お願いします。今こそ勇気を持って下さい。侵略者の脅しに屈する事無く、人間としての……意思を示して下さい。一人一人の心の声に従い、最後の答えを出して下さい。

先に反応したのは子供たちだった。大人たちもつられて一斉にこれまでのウルトラマンへの感謝とメビウスへの応援の声を上げる。そうした声は、SNSでも燎原の火の如く広がる。

第四九話「絶望の暗雲」では死闘が続く。しかし、無限の補給が存在するかのように次々と送り込まれてくるインペライザーに、地球人も苦戦。メビウスは既に満身創痍となる。

こうした状況で、ウルトラマンヒカリや剣豪宇宙人のザムシャー、ファントン星人やサイコキノ星人カコも加勢に現れ、なんとか彼らの活躍で戦線を持ちこたえるが、インペライザーによる包囲は狭まっていく。しかし、ファントン星人がインペライザーを圧縮、カコが宇宙の最果てまで念動力で飛ばす。

全員が満身創痍の中、インペライザーを全滅させた。

その直後、エンペラ星人が地球に降臨するとともに、地球は暗黒で覆われた。エンペラ星人は太陽そのものを暗黒で覆い、地球を滅ぼそうとしていた。圧倒的な力の前に、ザムシャーもひねり潰され、光となって消散してしまう。

そして最終話「心からの言葉」。リュウがヒカリと一体化、メビウスとともに戦うが、相手にならない。

その時、ウルトラ兄弟の声がGUYSの隊員たち一人一人に聞こえる。GUYSの隊員たちは光を浴び、手を合わせると、ミライは再び変身能力を回復した。そしてサコミズはファイナル・メテオールであるスペシウム・リダブライザーを起動させる。メビウスは必殺の光線・メビュームナイトシュートを叩きこむが、エンペラ星人はまだ倒れない。

その時ゾフィーがサコミズに語りかけ、三万年前にウルトラの父がエンペラ星人に傷つけた脇腹を狙い、メビウスは再び光線を放つ。

エンペラ星人は光となって消えていった。

同じころ、ウルトラ兄弟たちは太陽を救おうと奮闘、エンペラ星人の暗雲を吹き飛ばした。

戦いが終わり、メビウスは去る。

GUYSの隊員たちは日常に戻っていった。ジョージはサッカー選手に、マリナはレーサーに、テッペイは医学生に、コノミは保育士に。リュウはGUYSの新隊長となった。

日常を取り戻した。

【注1】『80』の第一話でも、五年間怪獣が一度も出現しなかった。

【注2】TACもMATの資料をファイリングしていた。

【注3】ただし、シルバーブルーメにMACが全滅させられて以降の円盤生物、たとえば第二八話「コノミの宝物」に登場したノーバは「アウトオブドキュメント」である。

【注4】平成シリーズの『ウルトラマンガイア』の第四九話「天使降臨」で、防衛組織であるXIG《シグ》の石室《いしむろ》司令官が二人のウルトラマン（ガイアとアグル）の正体を知る。だが、「君たちは兵器ではない。共に戦う仲間だ」と、地球人が自分の星の防衛にウルトラマンを利用するのを拒否した。『ゴジラ』の芹沢博士はODのような危険な兵器を人類が手にするのを恐れ、ゴジラを倒した後に自害した。昭和のウルトラシリーズでは人類の危険性が何度も描かれたが、平成のシリーズではウルトラマンが仲間として存在しえる素地があった。

【注5】『ウルトラセブン』最終回。この言葉とともにウルトラ警備隊全員が改造バンドンに総攻撃、ウルトラセブンとともに倒す。疲れ切ったウルトラセブンは、無事に故郷に帰ることができた。

【注6】たとえば、第一七話「誓いのフォーメーション」で弱音を吐くトリヤマ補佐官に、リュウが「そんなことあるか！　あんたなら知っているだろ。この言葉を残した俺たちの大先輩を」と叱責する。

【注7】『ウルトラマンエース』の第一話でも防衛隊が全滅した。

【注8】MATの隊長は伊吹竜、TACの隊長は竜五郎である。

【注9】海王星は、『ウルトラマンタロウ』第四〇話「ウルトラ兄弟を超えてゆけ！」において、タイラントに敗れた古戦場。映画『ウルトラマンZOFFY ウルトラの戦士VS大怪獣軍団』（一九八四年三月公開）では、突如襲来した円盤をM87光線で撃破している。

【注10】YouTube『仁科克基で【にしなまさき】と申します！』【メビウス祭③】あのシーンは実はボーイズラブ設定だった!?撮影裏話をフリートーク！2021／07／16配信（https://www.youtube.com/

watch?v=343ps9K4pIg)

【注11】フェミゴンは、『帰ってきたウルトラマン』第四七話で丘隊員に憑依した。

【注12】エンドロールで、高峰圭二（北斗星司）と星光子（南夕子）が三十四年ぶりに同一画面で再会している。

【注13】『ウルトラマンタロウ』第二六話に登場した怪獣。初登場時に、分離能力は無かった。旧作の特徴を生かし、怪獣に新たな能力を加えるのも『メビウス』の作り手のこだわりである。

【注14】映画『ウルトラマン物語』（松竹、一九八四年）で、タロウを演じた。以後のシリーズでもタロウの声を担当する。篠田三郎が円谷作品に一切出演していない理由は不明。

【注15】萩原能久《はぎわらよしひさ》「ウルトラマンの正義と怪獣の『人権』」（『ウルトラマン研究序説』中経出版、一九九一年、所収）六七頁。

【注16】『ウルトラセブン』最終回の「史上最大の侵略」を上回る規模の直接侵略である。

【注17】ガッツ星人、ナックル星人、ヒッポリト星人も地球人に絶望を与えて降伏を要求した。

終章

なぜウルトラマンは自分の星でもない地球のために戦ってくれたのか

「我々は神ではない」

ウルトラシリーズの本編は、『ウルトラマンメビウス』で終了した。その後、ウルトラ兄弟たちが地球を守っていた時代が遠い過去となった未来が、映画『大怪獣バトル ウルトラ銀河伝説 THE MOVIE』(ワーナーブラザーズ、二〇〇九年)で描かれる。今やウルトラマンメビウスは、円熟して落ち着いた人柄になっていた。

一万年後の未来と推定される時代の物語だ。この時代、『ウルトラQ』〜『メビウス』に至る本編は、「M78ワールド」と呼ばれている。その「M78ワールド」において「ギャラクシークライシス」と呼ばれる事件が発生し、平成ウルトラシリーズなど多くの並行世界から怪獣が襲来。パラレルワールドとして存在していた多くの世界が一つにつながった。

最新作は、円谷プロ公式サイトで二〇二二年にYouTube配信予定の『ウルトラギャラクシーファイト 運命の衝突』であり、ゾフィーからメビウスまでのウルトラ兄弟やティガら平成ウルトラマン、そしてレオの弟子のウルトラマンゼロ、それにウルトラマンタロウの子のタイガのような「令和ウルトラマン」も登場する。新たな歴史は、止まらず続いている。

こうして、かつてのウルトラ兄弟たちの戦いは、神話になった。

では、なぜ、ウルトラ兄弟たちは、自分の星でもない地球のために戦ってくれたのか。『メビウス』第三〇話「約束の炎」で明かされる。昔、ウルトラマンは地球人の姿をしていた。あるとき偶然に手に入れたウルトラマンの力を、果たすべき何かのために、守れるもののために使ってきた。地球人たちが、ウルトラマンになれるように見守り、地球人がウルトラマンになるのを邪魔しようとする勢力から守るために戦ってきたのだ。

ならば、なぜ、時に命を捨ててまで戦ってくれたのか。『メビウス』第三話「ひとつきりの命」で、過去のドキュメントを調べた地球人たちは、何度でも蘇るウルトラマンは「不死身ではないか」との疑問を抱く。これに、ウルトラマンメビウスことヒビノ・ミライは「絶対に生き返れる保証はどこにも無い」と、猛然と反論する。

もし何度でも生き返れるなら、誰でも命を捨てて戦うかもしれない。しかし、ウルトラ兄弟たちが蘇ったのは、奇跡の連続だ。偶々（たまたま）である。事実、ウルトラマンたちは「我々ウルトラマンは決して神ではない」と自覚している（映画『ウルトラマンメビウス&ウルトラ兄弟』でのハヤタの言葉）。

この場合の偶々（たまたま）は、決して軽い意味ではない。「これさえやれば、必ず生き返れる」などという保証は、どこにもなかった。それでも、ウルトラ兄弟たちは自分の星でもない地球のために、命を賭けて戦ってくれた。なぜなのか。どうして、地球人が自分たちと同じようなウルトラマンになるのを見守り、助けてくれたのか。

もしウルトラマンと地球人の関係を「ウェストファリア体制」で解釈すると、説明がつかない。たとえば、在日米軍が日本を守る理由は簡単である。アメリカ合衆国の国益のためだ。自分の国でもない日本のためにアメリカ人が死んだとしても、それがアメリカ合衆国の国益になるから、アメリカの軍人は死ねるのである。少なくとも、それが建前であり、そのような説明がなされる。それに対して、地球を守ることはウルトラの星の国益とは何の関係もない。三百万光年かなたの地球人がどうなろうが、本来ならば知ったことではない。

現実の歴史でやや近いのが、「大東亜聖戦」であろうか。この場合は、太平洋戦争でも第二次世界大戦でも、そして大東亜戦争でもなく、「大東亜聖戦」である。昭和二十年、聖戦の大義を信じて、自分の国でもないアジアのために戦い、命を捨てた日本人が存在した。そのような人たちにウルトラマンの姿を投影させるのは可能だろう。だが、一部の人がアジアを白人から解放するという「聖戦」の大義を信じていたとして、現実の戦争では、どちらかが一方的な正義で、逆側が一方的な悪などとは、ありえない。当時の日本は己の自存自衛のために大東亜戦争を敢行し、敗れた。同じ戦いが、アメリカ側からは第二次世界大戦太平洋戦線（太平洋戦争）である。

こうした現実の国際社会と違い、地球を守るウルトラマンたちは無償の愛である。親が子供を無条件で守るように、見守り、体を張って守る。現実の世界ではありえない。

だが、神話の世界ではありうる。

第二期シリーズの終盤で登場し、今でも伝説の超人と崇められているウルトラマンキングは、一神教の想定する絶対神に近い。ユダヤ教のヤハウェー、キリスト教のゴッド、イスラム教のアラーのような、絶対的な力を有する存在だ。破壊された宇宙を一瞬で元に戻すような、圧倒的な力だ。

それに対して、ウルトラマンたちは地球人に対しては圧倒的な力を持つ存在だが、同時に人間と同じように喜怒哀楽がある。仏教の仏たち、ギリシャ・ローマの神々、そして日本神話の神々のようだ。実に感情的で、人間らしい。

ウルトラマンが地球を守るのは、後者の意味での神々だからだと考えれば、理解できないだろうか。見守り、時に命を賭けて戦ってくれる、圧倒的な存在。そのような神々と人間の関係は、決して国際関係――ウェストファリア体制――では説明がつかない。

共通の神話

三部作の第一作目『ウェストファリア体制　天才グロティウスに学ぶ「人殺し」と平和の法』において、ウェストファリア体制以前の世界では、戦っている当事者のすべてがお互いに自分こそが正義で相手は悪だと信じている、宗教戦争が蔓延していたと説いた。現実社会、特に国と国の関係、戦いのような複雑な事象に、神のような非現実的な存在を持ち込む野蛮に対し、一人の天才フーゴー・グロティウスが文明の何たるかを創造し、人々に説き、やがて少しずつ人類は実現した。これがウェストファリア体制である。だが、ウェストファリア体制の歩みは遅々とし、脆く、拙く、瞬く間に一人の狂人によって粉々に砕かれた。

一人の狂人とは、ウッドロー・ウィルソン。自分を絶対神と信じた、正真正銘の狂人である。ウェストファリア体制以前の十字軍など「自分がウルトラマンだと信じこんでいたバルタン星人」だったが、ウィルソンは「自分がウルトラマンキングだと信じて疑わないエンペラ星人」と言うべきか。エンペラ星人は己を闇の存在だと自覚していたが、ウィルソンは自分こそが光だと確信していた。

そのウィルソンの悪行の数々は、三部作第二作目『ウッドロー・ウィルソン　全世界を不幸にした大悪魔』で描いた。現実の世界には、神もウルトラマンもいない。神々の世界の正義を現実に持ち込むほど、危険な狂気はない。

だから、文明人は二つの真理を心得ねばならない。一つは、神話の世界観を現実に持ち込まないこと。もう一つは、神話の世界観を理解することである。神話とは何かを熟知しているものだけが、神話を現実に持ち込まない大人の文明人でいられるからだ。

では、神話とは何か。神と人の絆（つながり）を語る物語である。

もし、宗教学者が千人いれば、千の宗教の定義が争われるだろう。だが、あらゆる宗教は「つながり」を表す。Religionの語源は、レリギオ（つながり）である。社会学や心理学によれば、人は誰とも繋がらない無連帯（アノミー）に陥った時に、自殺するとか。どれほど近代科学技術文明が進歩しても、人と人とのつながりは求められる。

ウルトラシリーズの多くの作家が伝えたように、人は一人では生きてはいけない。そして何らかの価値観を共有しなければ、連帯できない。ではその価値とは何か。共通の神話である。神話は、必ずある価値観を提示する。ある民族の神話は、その民族の存在価値と守るべき規範を示す。日本神話は日本民族の神話であり、神話で描かれる神々は、無条件で日本人を見守る。そして民族は己の神話から神々の伝言を受け取り、読み解き、現実の社会で生きていく教訓とし、歴史を紡《つむ》いでいく。

では、ウルトラマンの伝言とは何だったのだろうか。

本書は、『ウルトラマン』がどのような作品だったのか。作品の背景と作り手の想いを読み解き、そのシリーズを語るうえで欠かせないエピソードを掘り下げることで、視聴者に何を伝えたかったのかを探求した。どのウルトラマンも、地球人が巨大な力に押しつぶされそうなとき、守ってくれる神のような存在である。そして地球人も自分の力で地球を守ろうとし、最後は必ず勝利する。現実の人間社会では、戦いには勝つ時もあれば負ける時もある。どちらかが一方的に正しく、神に味方されることはない。だから、『ウルトラマン』は神話だ。

そして最大の謎に戻る。なぜウルトラマンは自分の星でもない地球のために戦ってくれたのか。

突き詰めれば、そこに価値を認めているから。守りたいという気持ちがあるから、以外に無いのではないか。

そこにロウソクがあるとする。千年以上前から燃えているロウソクである。千年前に灯した火が今も燃えている。その火を、消してはならないと思うか、消しても構わないと思うか。いかなる理屈を並べて善悪を論じても、そこに価値を見出している以外の理由があるのか。価値を見出せない人間に、どのような理屈が通じると言うのか。

人間の思考――哲学は突き詰めれば、それを美しいと感じるか醜いと感じるかの審美眼に行きつく。何を真善美で偽悪醜とするかの根源は、そこに価値を見出すかどうか。そこにある千年前の灯をこれからも守り続けることが美しいと感じるか否かの感性でしかありえないのではないか。

言うなれば、ウルトラマンが地球人を守るのは、理屈抜きに地球人を美しいと価値を認めているからに他ならない。親が子供を無条件に愛おしいと感じるように。

神話としての『ウルトラマン』は多くを教えてくれる。

現実社会で巨大な力に押しつぶされそうな時こそ、神話に立ち戻り、己の守るべき価値とは何なのかを見つめ直すからこそ、何をなすべきかを思い出せるのではないだろうか。

私はウルトラマンの伝言を「己の生き方を自分で考えよ」だと受け取っている。

おわりに——明日のエースは君だ

公平に見て本編の中で、最も完成度が高いシリーズは『ウルトラマンメビウス』だろう。だが、完成度だけが作品の価値ではない。果たして『メビウス』の完成度に、『ウルトラセブン』の感動度が劣るだろうか。作品の価値は完成度よりも感動度。「自分たちのウルトラマン」で良いのではないか。

私の場合は、ヒーロー然としたハヤタやダン、郷秀樹……あるいは明るく爽やかな東光太郎や矢的先生よりも、常に過酷な試練に耐えるおゝとりゲン、そして不器用な生き方しかできない北斗星司にこそ思い入れがある。

そして神々であるウルトラマンよりも、生身の人間たちにこそ共感した。だが不思議なことに、等身大の人間であるTACの竜隊長や山中隊員よりも、人間離れしたキリヤマやクラタに畏敬の念を抱くようになった。年を経るごとに。

そして、このコロナ禍で科学の限界を感じるようになると、TACの梶洋一研究員を思い出す。

ウルトラシリーズには多くのマッドサイエンティストが登場した。

『ウルトラQ』の第四話「マンモスフラワー」に登場する源田博士は吸血植物マンモスフラワーを焼き払おうとする当局に対し、「我々学者のために一日だけ焼き払うのを待ってもらえないだろうか」などと言い出す。人々の被害を考えるべきだとたしなめられても、「学問は時と場合には非情なこともある。この私の気持ちはわからんのですか」と怒りだす。

三人のウルトラマンと五度も戦ったバルタン星人も、狂った科学者の核実験で母星を失った。『ウルトラマン』の第二六、二七話「怪獣殿下」で、無人島でおとなしく寝ているだけのゴモラを大阪万博に連れて来て展示しようとしたのは、阪神大学の中谷教授である。

『ウルトラセブン』第二六話「超兵器R1号」のセガワ博士は、R惑星を超兵器R1号で破壊し、復讐のために地球を襲撃したギエロン星獣に同じ威力を持つR2号を使えと進言する。ちなみに場所は多摩川。

『ゴジラ』の芹沢博士は人類が身の丈を超えた兵器を持ち濫用するのを恐れ、オキシジェン・デストロイヤー（OD）でゴジラを倒した後に自決。自らの肉体ごと永遠にODの秘密を葬り去ったが、超兵器による他星への攻撃と破壊はウルトラシリーズで何度も繰り返される。芹沢が恐れていた通りのマッドサイエンティストが、次々と登場する。

『帰ってきたウルトラマン』第三四話「許されざるいのち」の水野一郎は、動物と植物の合成生物を発明しようとしたら、怪獣レオゴンを生み出してしまった。水野は「実験は成功した」と狂喜乱舞するが、レオゴンに殺害されてしまう。

「吸血植物の謎を解明する」「核実験を行う」「怪獣を連れてきて展示する」「敵を倒すために多摩川で核ミサイルを放つ」「動物と植物の合いの子を生み出す」。

これらのマッドサイエンティストに共通するのは、目的合理性はある。だが、目的そのものの合理性は疑わない。「それを何のためにやるのか」を忘れて、「目的さえ達成すればよい」と考え実行する事こそが、狂気なのである。そして、目的達成のためなら、他の被害は顧みない。

それに対して、梶は絶対に目的を見失わない。二大発明の一つ。異次元移動装置も、極めて危険な実験を伴う装置だと最初に説明する。もう一つ、マリア2号の設計図を奪われて全員が動揺するときも、自分の記憶がバックアップだと安心させる。藪《やぶ》医者が患者を不必要に恐れさせるのに対し、名医は油断をさせないが安心感を与える。そして技術の裏付けがあるので人々から信頼される。梶は名医と同じ条件を兼ね備えた科学者だ。

科学する精神と裏付けとなる力量を持ち合わせているから科学者なのだ。どちらが欠けても科学者ではない。この当たり前の事実を、梶は思い出させてくれる。

ウルトラシリーズにおいて、地球人は兵器が強くなっても、心が侵略されて弱くなった。結果、直接・間接の侵略に右往左往する。だが、それでも一貫しているのは、「地球は我々人類、自らの手で守り抜かねばならないんだ」とのキリヤマ、その前任者のムラマツが残した精神だ。『ウルトラマンメビウス』においては、この言葉の解釈をめぐり、議論が戦わされている。「自らの手で守り抜くとは、どういう意味か」と。

力を得るには、何をしなければならないかを問い直すことからだ。

私は大人になっても、巨大な力に叩きのめされそうになった時にウルトラシリーズを見直し、ウルトラマンの伝言を振り返ってきた。

もし本書が、誰かの生きる勇気になれば、異次元移動装置のように成功だ。

そのとき、貴方こそが、北斗星司だ。

本書では自ら志願して、倉山工房の雨宮美佐さんが助けてくれた。南夕子やユリアンのように。

何より、ＰＨＰ研究所の白地利成編集長がいなければ本書は世に出せなかった。タケナカ参謀やサコミズ総監のような恩人だ。

いつか日本が光を取り戻すと信じて、筆をおく。

たとえ、この気持ちが何百回裏切られようと。

倉山　満［くらやま・みつる］

1973年、香川県生まれ。皇室史学者。96年、中央大学文学部史学科を卒業後、同大学院博士前期課程修了。在学中より国士舘大学日本政教研究所非常勤研究員として、同大学で日本国憲法を教える。2012年、コンテンツ配信サービス「倉山塾」を開講、翌年に「チャンネルくらら」を開局。20年6月に一般社団法人救国シンクタンクを設立し、理事長・所長に就任。著書に『ウェストファリア体制』『ウッドロー・ウィルソン』（以上、ＰＨＰ新書）、『嘘だらけの池田勇人』（扶桑社新書）など多数。

PHP新書
PHP INTERFACE
https://www.php.co.jp/

ウルトラマンの伝言

（ＰＨＰ新書　1288）

日本人の守るべき神話

二〇二一年十一月三十日　第一版第一刷

著者――倉山　満
発行者――永田貴之
発行所――株式会社ＰＨＰ研究所
東京本部――〒135-8137　江東区豊洲5-6-52
第一制作部　☎03-3520-9615（編集）
普及部　☎03-3520-9630（販売）
京都本部――〒601-8411　京都市南区西九条北ノ内町11
組版――有限会社メディアネット
装幀者――芦澤泰偉＋児崎雅淑
印刷所
製本所――図書印刷株式会社

ISBN978-4-569-85071-9

ＰＨＰ新書刊行にあたって

「繁栄を通じて平和と幸福を」(PEACE and HAPPINESS through PROSPERITY)の願いのもと、ＰＨＰ研究所が創設されて今年で五十周年を迎えます。その歩みは、日本人が先の戦争を乗り越え、並々ならぬ努力を続けて、今日の繁栄を築き上げてきた軌跡に重なります。

しかし、平和で豊かな生活を手にした現在、多くの日本人は、自分が何のために生きているのか、どのように生きていきたいのかを、見失いつつあるように思われます。そして、その間にも、日本国内や世界のみならず地球規模での大きな変化が日々生起し、解決すべき問題となって私たちのもとに押し寄せてきます。

このような時代に人生の確かな価値を見出し、生きる喜びに満ちあふれた社会を実現するために、いま何が求められているのでしょうか。それは、先達が培ってきた知恵を紡ぎ直すこと、その上で自分たち一人一人がおかれた現実と進むべき未来について丹念に考えていくこと以外にはありません。

その営みは、単なる知識に終わらない深い思索へ、そしてよく生きるための哲学への旅でもあります。弊所が創設五十周年を迎えましたのを機に、ＰＨＰ新書を創刊し、この新たな旅を読者と共に歩んでいきたいと思っています。多くの読者の共感と支援を心よりお願いいたします。

一九九六年十月

ＰＨＰ研究所

PHP新書

［**文学・芸術**］

258 「芸術力」の磨きかた　林 望
343 ドラえもん学　横山泰行
415 本の読み方 スロー・リーディングの実践　平野啓一郎
421 「近代日本文学」の誕生　坪内祐三
497 すべては音楽から生まれる　茂木健一郎
519 團十郎の歌舞伎案内　市川團十郎
578 心と響き合う読書案内　小川洋子
581 ファッションから名画を読む　深井晃子
588 小説の読み方　平野啓一郎
731 フランス的クラシック生活
ルネ・マルタン［著］／高野麻衣［解説］
781 チャイコフスキーがなぜか好き　亀山郁夫
820 心に訊《き》く音楽、心に効く音楽　高橋幸宏
843 仲代達矢が語る 日本映画黄金時代　春日太一
905 美　福原義春
916 乙女の絵画案内　和田彩花
951 棒を振る人生　佐渡 裕
1009 アートは資本主義の行方を予言する　山本豊津
1021 至高の音楽　百田尚樹
1103 倍賞千恵子の現場　倍賞千恵子
1126 大量生産品のデザイン論　佐藤 卓
1145 美貌のひと　中野京子
1165 《受胎告知》絵画でみるマリア信仰　高階秀爾
1191 名画という迷宮　木村泰司
1221 太宰を読んだ人が迷い込む場所　齋藤 孝
1253 若冲のひみつ　山口 桂
1270 美貌のひと2　中野京子

［**歴史**］

784 日本古代史を科学する　中田 力
903 アジアを救った近代日本史講義　渡辺利夫
922 木材・石炭・シェールガス　石井 彰
968 古代史の謎は「海路」で解ける　長野正孝
1012 古代史の謎は「鉄」で解ける　長野正孝
1057 なぜ会津は希代の雄藩になったか　中村彰彦
1064 真田信之 父の知略に勝《まさ》った決断力　平山 優
1085 新渡戸稲造はなぜ『武士道』を書いたのか　草原克豪
1086 日本にしかない「商いの心」の謎を解く　呉 善花
1096 名刀に挑む　松田次泰
1104 一九四五　占守島の真実　相原秀起